傳世經典

國學必讀

四書章句

文華叢書

〔戰國〕孟子 等

〔戰國〕孟子 等 編

四書章句

廣陵書社

中國・揚州

圖書在版編目（ＣＩＰ）數據

四書章句 / （戰國）孟子等編. -- 揚州 : 廣陵書社, 2011.3（2024.3重印）
ISBN 978-7-80694-677-0

Ⅰ. ①四… Ⅱ. ①孟… Ⅲ. ①儒家②四書－注釋
Ⅳ. ①B222.12

中國版本圖書館CIP數據核字(2011)第046630號

ISBN 978-7-80694-677-0

四書章句

編　者　〔戰國〕孟子 等
責任編輯　李　佩
出 版 人　曾學文
出版發行　廣陵書社
社　址　揚州市四望亭路2-4號
郵　編　二二五〇〇一
電　話　（〇五一四）八五二二八〇八一（總編辦）
　　　　八五二二八〇八八（發行部）
印　刷　常州市金壇古籍印刷廠有限公司
版　次　二〇一一年三月第一版
印　次　二〇二四年三月第五次印刷
標準書號　ISBN 978-7-80694-677-0
定　價　壹佰貳拾圓整（全兩册）

http://www.yzglpub.com　E-mail:yzglss@163.com

文華叢書序

時代變遷，經典之風采不衰；文化演進，傳統之魅力更著。古人有登高懷遠之慨，今人有探幽訪勝之思。在印刷裝幀技術日新月異的今天，國粹綫裝書的踪迹愈來愈難尋覓，給傾慕傳統的讀書人帶來了不少惆悵和遺憾。我們編印《文華叢書》，實是爲喜好傳統文化的士子提供精神的享受和慰藉。

叢書立意是將傳統文化之精華萃于一編。以内容言，所選均爲經典名著，自諸子百家、詩詞散文以至蒙學讀物、明清小品，咸予收羅，經數年之積纍，已蔚然可觀。以形式言，則采用激光照排，文字大方，版式疏朗，宣紙精印，綫裝裝幀，讀來令人賞心悦目。同時，爲方便更多的讀者購買，復盡量降低成本、

降低定價，好讓綫裝珍品更多地進入尋常百姓人家。

可以想象，讀者于忙碌勞頓之餘，安坐窗前，手捧一册古樸精巧的綫裝書，細細把玩，静静研讀，如沐春風，如品醇醲……此情此景，令人神往。

讀者對于綫裝書的珍愛使我們感受到傳統文化的魅力。近年來，叢書中的許多品種均一再重印。爲方便讀者閲讀收藏，特進行改版，將開本略作調整，擴大成書尺寸，以使版面更加疏朗美觀。相信《文華叢書》會贏得越來越多讀者的喜愛。

有《文華叢書》相伴，可享受高品位的生活。

廣陵書社編輯部

二〇一六年三月

出版説明

《四書集注》，全稱爲《四書章句集注》，南宋著名理學家朱熹（一一三〇—一二〇〇）編著。朱熹，字元晦，一字衆晦，號晦庵，又號晦翁，别稱紫陽。徽州婺源（今江西婺源）人，後僑寓建陽，歷事高、孝、光、寧宗四朝，居官顯赫。他自稱自三十歲始着力編著《四書集注》，約于淳熙十六年（一一八九）完成。其間數度修改，傾注了他大量的心血，『熹于《語》、《孟》、《大學》、《中庸》，一生用功，粗有成説』，直至臨死前仍在修改《大學章句》，誠可謂孜孜不倦，死而後已。

《論語》是記載孔子及其弟子言行的語録體著作。《孟子》主要記載了孟軻的言論。二書在漢代已經得到重視，西漢文帝時置博士。其後《論語》的地位日高，漸與經等，而《孟子》則多遭批評，後經唐代古文學家韓愈及北宋理學家程顥、程頤兄弟的極力推崇而地位陡升，朱熹將之編入《四書集注》更使它的地位牢固確立。《大學》和《中庸》輯自漢代戴聖《禮記》一書。朱熹在對二書進行注釋的同時，還加了『序』、『序引』，每章後都進行了總結。在四本書的編排順序上，朱熹曰：『某要人先讀《大學》，以定其規模；次讀《論語》，以立其根本；次讀《孟子》，以觀其發越；次讀《中庸》，以求古人之微妙處。《大學》一篇，有等級次第，總作一處，易曉，宜先看。《論語》却實，但言語散見，初看亦難。《孟子》有感激興發人心處。《中庸》亦難讀，看三書後，方宜讀之。』故而原編排次序爲《大學章句》、《論語集注》、《孟子集注》、《中庸章句》，今人因裝訂之便而將《中庸章句》提至《大學章句》之後。

《四書集注》對後世影響頗爲深遠，爲其後的歷代封建統治者所推崇。南宋寧宗時《論語集注》和《孟子集注》被列入學官。元、明、清三朝更是以其爲學官的教科書，科舉考試的標準答案，成爲中國封建社會後期的統治思想。與《詩經》、《尚書》、《周禮》、《周易》、《春秋》一起成爲封建社會最重要的經典著作，合稱『四書五經』。

我社此次以《四部備要》據吴縣吴氏仿宋本《四書集注》爲底本，對原有體例略加改動，保留了原書的解題導讀，删去注釋，名爲『四書章句』。在對异體字的處理上，凡涉及人名、地名的大都予以保留，其他皆按照現行的文字標準改爲正體字。

廣陵書社

二〇二四年二月

目録

大學

中庸

論語

目錄

孟子

四書章句

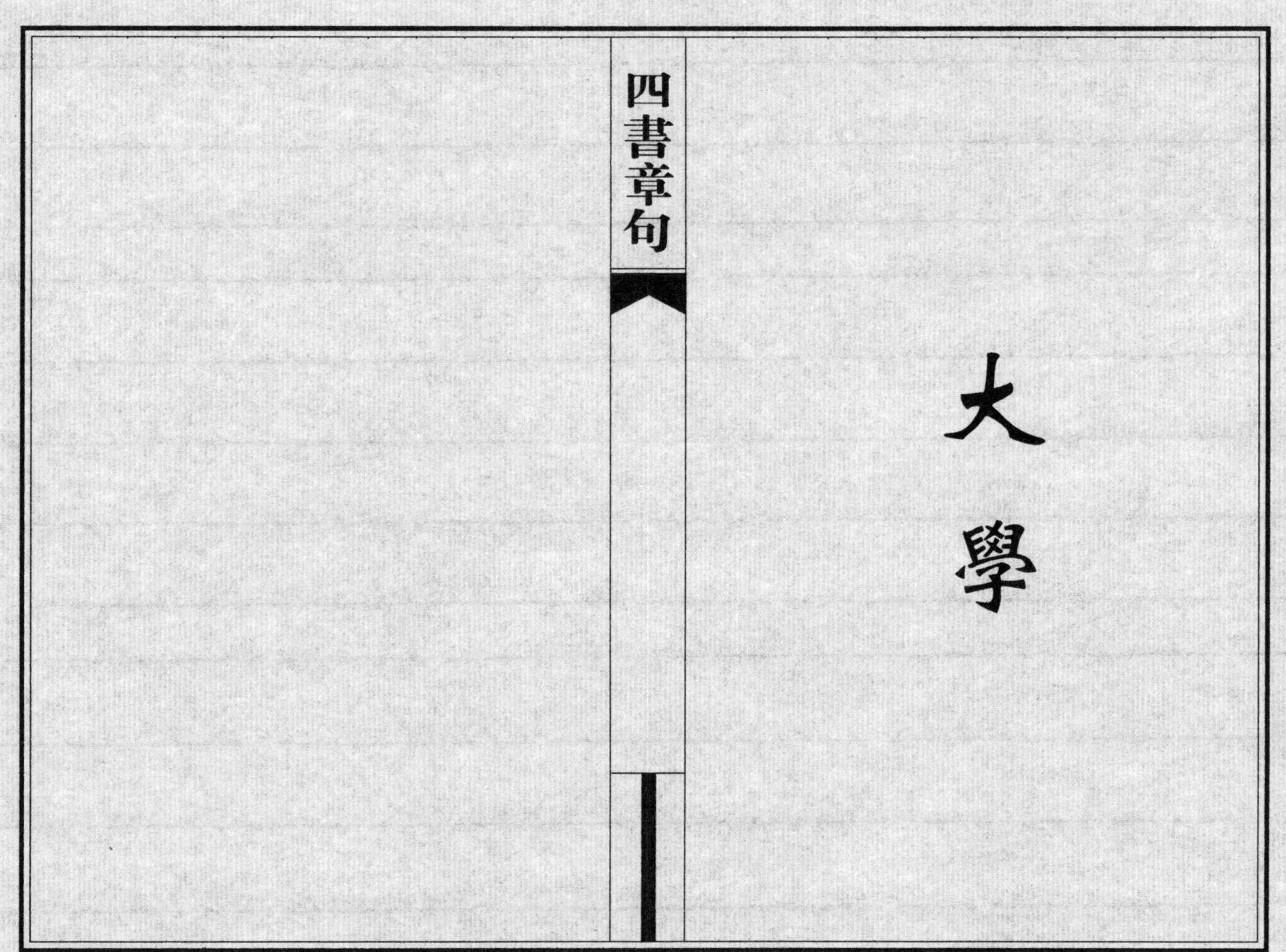

大學

四書章句

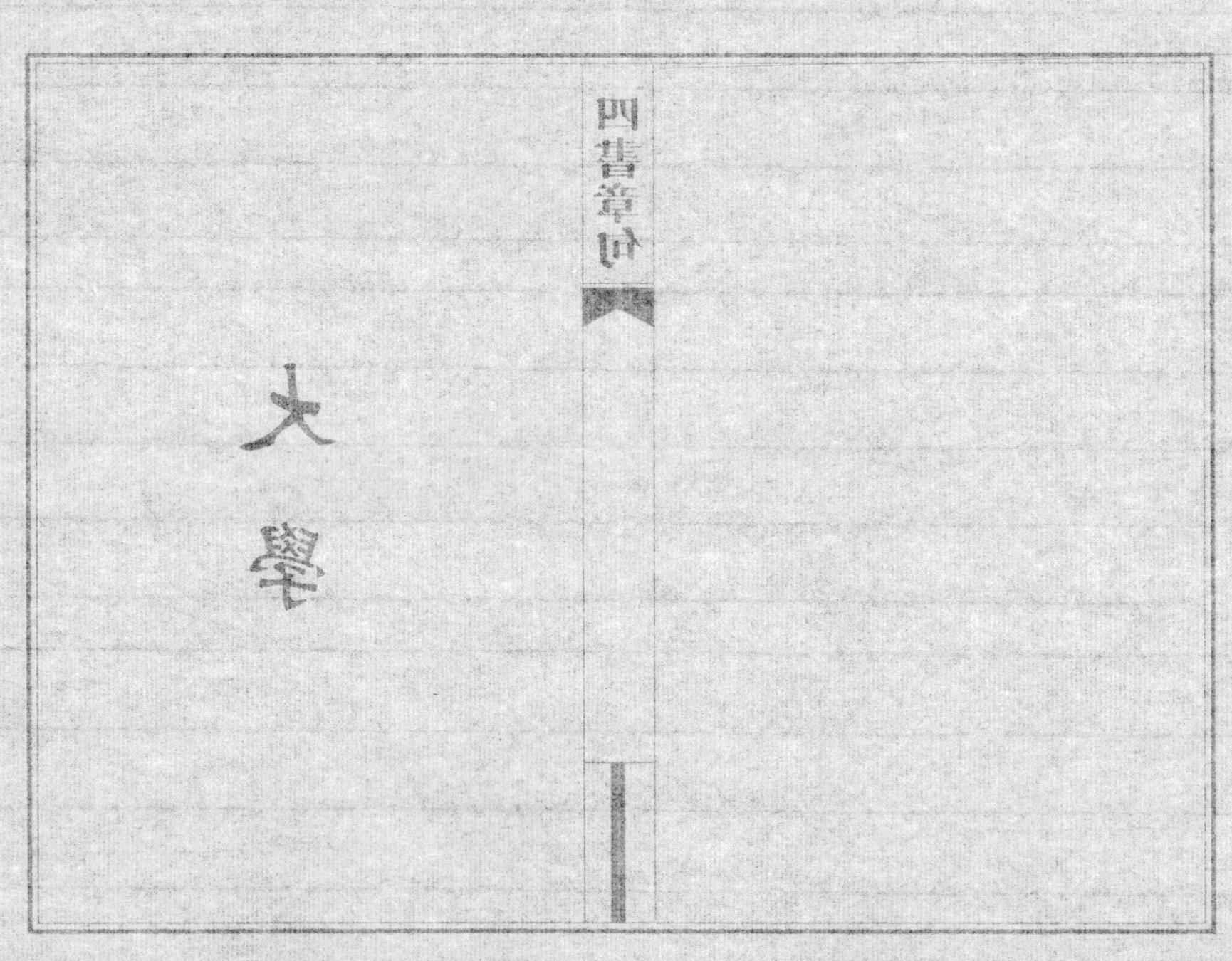

大學

大學章句序

大學之書，古之大學所以教人之法也。蓋自天降生民，則既莫不與之以仁義禮智之性矣。然其氣質之禀或不能齊，是以不能皆有以知其性之所有而全之也。一有聰明睿智能盡其性者出于其間，則天必命之以爲億兆之君師，使之治而教之，以復其性。此伏羲、神農、黄帝、堯、舜所以繼天立極，而司徒之職，典樂之官所由設也。三代之隆，其法寖備，然後王宫、國都以及閭巷，莫不有學。人生八歲，則自王公以下，至于庶人之子弟，皆入小學，而教之以洒掃、應對、進退之節，禮、樂、射、御、書、數之文。及其十有五年，則自天子之元子、衆子，以至公、卿、大夫、元士之適子，與凡民之俊秀，皆入大學，而教之以窮理、正心、修己、治人之道。此又學校之教、大小之節所以分也。夫以學校之設，其廣如此，教之之術，其次第節目之詳又如此，而其所以爲教，則又皆本之人君躬行心得之餘，不待求之民生日用彝倫之外，是以當世之人無不學。其學焉者，無不有以知其性分之所固有，職分之所當爲，而各俛焉以盡其力。此古昔盛時所以治隆于上，俗美于下，而非後世之所能及也！及周之衰，賢聖之君不作，學校之政不修，教化陵夷，風俗頹敗。時則有若孔子之聖，而不得君師之位，以行其政教，于是獨取先王之法，誦而傳之，以詔後世。若《曲禮》、《少儀》、《内則》、《弟子職》諸篇，固小學之支流餘裔。而此篇者，則因小學之成功，以著大學之明法，外有以極其規模之大，而内有以盡其節目之詳者也。三千之徒，蓋莫不聞其説，而曾氏之傳獨得其宗，于是作爲傳義，以發其意。及孟子没而其傳泯焉，則其書雖存，而知者鮮矣！自是以來，俗儒記誦詞章之習，其功倍于小學而無用；异端虚無寂滅之教，其高過于大學而無實。其他權謀術數，一切以就功名之説，與夫百家衆技之流，所以惑世誣民、充塞仁義者，又紛然雜出乎其間。使其君子不幸而不得聞大道之要，其小人不幸而不得蒙至治之澤，晦盲否塞，反復沈痼，以及五季之衰，而壞亂極矣！天運循環，無往不復。宋德隆盛，治教休明。于是河南程氏兩夫子出，而有以接乎孟氏之傳，實始尊信此篇而表章之。既又爲之次其簡編，發其歸趣，然後古者

大學教人之法、聖經賢傳之指，粲然復明于世。雖以熹之不敏，亦幸私淑而與有聞焉。顧其爲書猶頗放失，是以忘其固陋，采而輯之，間亦竊附己意，補其闕略，以俟後之君子。極知僭逾，無所逃罪，然于國家化民成俗之意、學者修己治人之方，則未必無小補云。

淳熙己酉二月甲子，新安朱熹序。

大學章句

子程子曰：「《大學》，孔氏之遺書，而初學入德之門也。」于今可見古人爲學次第者，獨賴此篇之存，而《論》、《孟》次之。學者必由是而學焉，則庶乎其不差矣。

大學之道，在明明德，在親民，在止于至善。知止而後有定，定而後能靜，靜而後能安，安而後能慮，慮而後能得。物有本末，事有終始。知所先後，則近道矣。古之欲明明德于天下者，先治其國。欲治其國者，先齊其家。欲齊其家者，先修其身。欲修其身者，先正其心。欲正其心者，先誠其意。欲誠其意者，先致其知。致知在格物。物格而後知至，知至而後意誠，意誠而後心正，心正而後身修，身修而後家齊，家齊而後國治，國治而後天下平。自天子以至于庶人，壹是皆以修身爲本。其本亂而末治者否矣。其所厚者薄，而其所薄者厚，未之有也！

右經一章，蓋孔子之言，而曾子述之。其傳十章，則曾子之意，而門人記之也。舊本頗有錯簡，今因程子所定，而更考經文，別爲序次如左。

《康誥》曰：「克明德。」《太甲》曰：「顧諟天之明命。」《帝典》曰：「克明峻德。」皆自明也。

右傳之首章，釋「明明德」。

湯之《盤銘》曰：「苟日新，日日新，又日新。」《康誥》曰：「作新民。」《詩》曰：「周雖舊邦，其命維新。」是故君子無所不用其極。

右傳之二章，釋「新民」。

《詩》云：「邦畿千里，惟民所止。」《詩》云：「緡蠻黃鳥，止于丘隅。」子曰：「于止，知其所止，可以人而不如鳥乎！」《詩》云：「穆穆文王，于緝熙敬止！」爲人君，止于仁；爲人臣，止于敬；爲人子，止于孝；爲人父，止于慈；與國人交，止于信。《詩》云：「瞻彼淇澳，菉竹猗猗。有斐君子，如切如磋，如琢如磨。瑟兮僩兮，赫兮喧兮。有

斐君子，終不可諠兮！』如切如磋者，道學也。如琢如磨者，自修也。瑟兮僩兮者，恂慄也。赫兮喧兮者，威儀也。有斐君子，終不可諠兮者，道盛德至善，民之不能忘也。

《詩》云：『於戲！前王不忘。』君子賢其賢而親其親，小人樂其樂而利其利，此以沒世不忘也。

右傳之三章，釋『止于至善』。

子曰：『聽訟，吾猶人也。必也使無訟乎！』無情者不得盡其辭，大畏民志，此謂知本。

右傳之四章，釋『本末』。

此謂知本，此謂知之至也。

右傳之五章，蓋釋『格物』、『致知』之義，而今亡矣。間嘗竊取程子之意以補之，曰：『所謂致知在格物者，言欲致吾之知，在即物而窮其理也。蓋人心之靈莫不有知，而天下之物莫不有理，惟于理有未窮，故其知有不盡也。是以大學始教，必使

學者即凡天下之物，莫不因其已知之理而益窮之，以求至乎其極。至于用力之久，而一旦豁然貫通焉，則衆物之表裏精粗無不到，而吾心之全體大用無不明矣。此謂物格，此謂知之至也。』

所謂誠其意者：毋自欺也。如惡惡臭，如好好色，此之謂自謙。故君子必愼其獨也。小人閑居爲不善，無所不至，見君子而後厭然，揜其不善，而著其善。人之視己，如見其肺肝然，則何益矣。此謂誠于中，形于外，故君子必愼其獨也。曾子曰：『十目所視，十手所指，其嚴乎！』富潤屋，德潤身，心廣體胖，故君子必誠其意。

右傳之六章，釋『誠意』。

所謂修身在正其心者：身有所忿懥，則不得其正；有所恐懼，則不得其正；有所好樂，則不得其正；有所憂患，則不得其正。心不在焉，視而不見，聽而不聞，食而不知其味。此謂修身在正其心。

右傳之七章，釋『正心』、『修身』。

所謂齊其家在修其身者：人之其所親愛而辟焉，之其所賤惡而辟焉，之其所畏敬而辟焉，之其所哀矜而辟焉，之其所敖惰而辟焉。故好而知其惡，惡而知其美者，天下鮮矣。故諺有之曰：『人莫知其子之惡，莫知其苗之碩。』此謂身不修不可以齊其家。

右傳之八章，釋『修身』、『齊家』。

所謂治國必先齊其家者，其家不可教，而能教人者，無之。故君子不出家而成教于國。孝者，所以事君也；弟者，所以事長也；慈者，所以使衆也。《康誥》曰：『如保赤子。』心誠求之，雖不中，不遠矣。未有學養子而後嫁者也！一家仁，一國興仁；一家讓，一國興讓；一人貪戾，一國作亂。其機如此。此謂一言僨事，一人定國。堯、舜帥天下以仁，而民從之。桀、紂帥天下以暴，而民從之。其所令反其所好，而民不從。是故君子有諸己而後求諸人，無諸己而後非諸人。所藏乎身不恕，而能喻諸人者，未之有也。故治國在齊其家。《詩》云：『桃之夭夭，其葉蓁蓁。之子于歸，宜其家人。』宜其家人，而後可以教國人。《詩》云：『宜兄宜弟。』宜兄宜弟，而後可以教國人。《詩》云：『其儀不忒，正是四國。』其爲父子兄弟足法，而後民法之也。此謂治國在齊其家。

右傳之九章，釋『齊家』、『治國』。

所謂平天下在治其國者：上老老，而民興孝；上長長，而民興弟；上恤孤，而民不倍。是以君子有絜矩之道也。所惡于上，毋以使下；所惡于下，毋以事上；所惡于前，毋以先後；所惡于後，毋以從前；所惡于右，毋以交于左；所惡于左，毋以交于右。此之謂絜矩之道。《詩》云：『樂只君子，民之父母。』民之所好好之，民之所惡惡之，此之謂民之父母。《詩》云：『節彼南山，維石岩岩。赫赫師尹，民具爾瞻。』有國者不可以不慎。辟，則爲天下僇矣。《詩》云：『殷之未喪師，克配上帝。儀監于殷，峻命不易。』道得衆則得國，失衆則失國。是故君子先慎乎德。有德此有人，有人此有土，有土此有財，有財此有用。德者，本也；財者，末也。外本內末，爭民施奪。是故財聚則民散，財散則民聚。是故言悖而出者，亦悖而入；貨悖而入者，亦悖而出。《康誥》曰：『惟命不于常。』道善則得之，不善則失之矣。《楚書》曰：『楚國無以爲寶，惟善以爲

寶。』舅犯曰：『亡人無以爲寶，仁親以爲寶。』《秦誓》曰：『若有一個臣，斷斷兮，無他技，其心休休焉，其如有容焉。人之有技，若己有之。人之彦聖，其心好之。不啻若自其口出，寔能容之，以能保我子孫黎民，尚亦有利哉！人之有技，媢疾以惡之。人之彦聖，而違之俾不通，寔不能容，以不能保我子孫黎民，亦曰殆哉！』唯仁人放流之，迸諸四夷，不與同中國。此謂唯仁人爲能愛人，能惡人。見賢而不能舉，舉而不能先，命也；見不善而不能退，退而不能遠，過也。好人之所惡，惡人之所好，是謂拂人之性，灾必逮夫身。是故君子有大道，必忠信以得之，驕泰以失之。生財有大道，生之者衆，食之者寡，爲之者疾，用之者舒，則財恒足矣。仁者以財發身，不仁者以身發財。未有上好仁，而下不好義者也。未有好義，其事不終者也。未有府庫財，非其財者也。孟獻子曰：『畜馬乘，不察于鷄豚；伐冰之家，不畜牛羊；百乘之家，不畜聚斂之臣。與其有聚斂之臣，寧有盜臣。』此謂國不以利爲利，以義爲利也。長國家而務財用者，必自小人矣。彼爲善之，小人之使爲國家，灾害并至。雖有善者，亦無如之何矣！此謂國不以利爲利，以義爲利也。

右傳之十章，釋『治國』、『平天下』。

凡傳十章。前四章統論綱領指趣，後六章細論條目工夫。其第五章乃明善之要，第六章乃誠身之本，在初學尤爲當務之急，讀者不可以其近而忽之也。

中庸

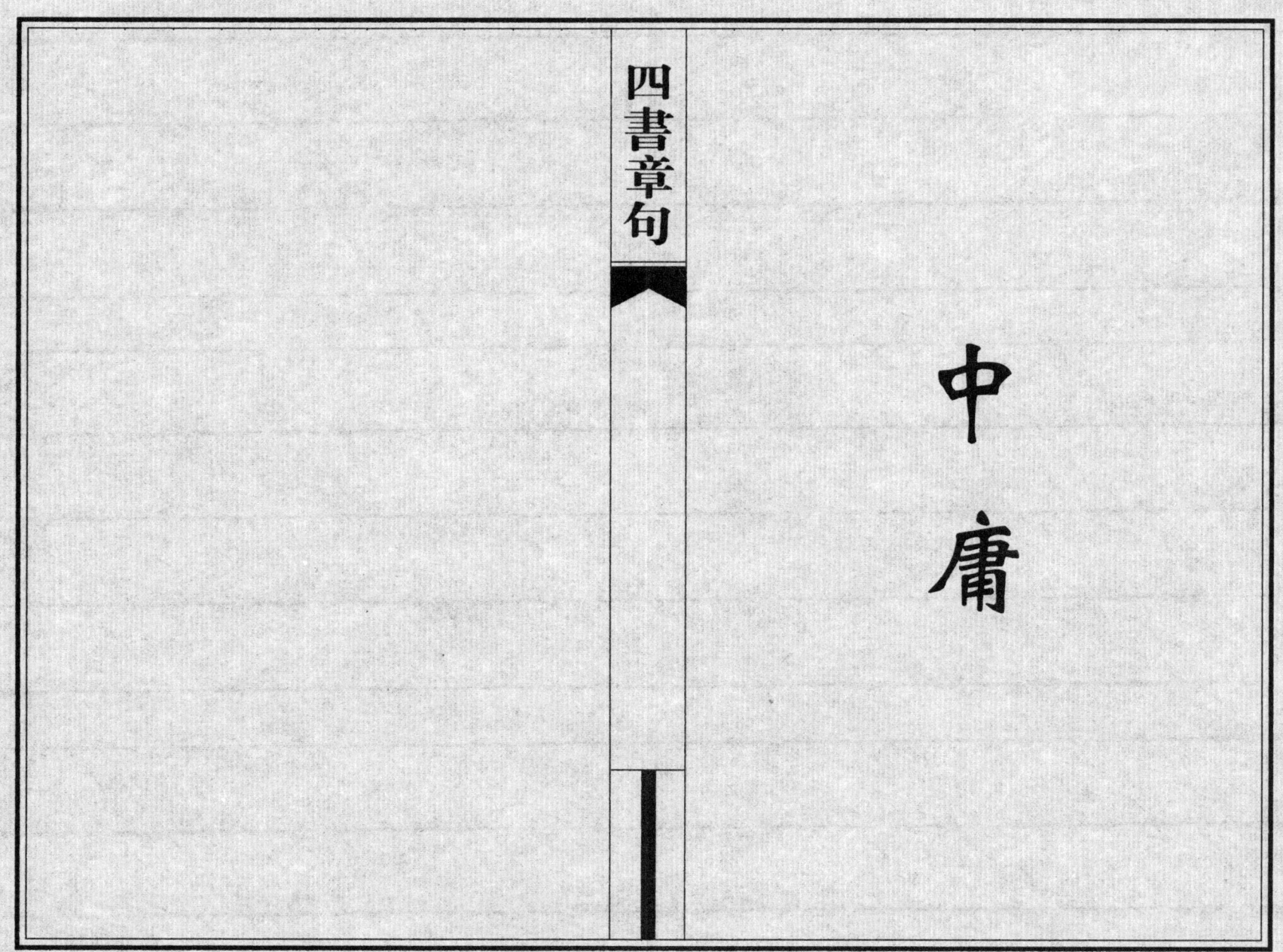

四書章句

四書章句

中庸

中庸章句序

《中庸》何爲而作也？子思子憂道學之失其傳而作也。蓋自上古聖神繼天立極，而道統之傳有自來矣。其見于經，則『允執厥中』者，堯之所以授舜也；『人心惟危，道心惟微，惟精惟一，允執厥中』者，舜之所以授禹也。堯之一言，至矣，盡矣！而舜復益之以三言者，則所以明夫堯之一言，必如是而後可庶幾也。蓋嘗論之：心之虛靈知覺，一而已矣。而以爲有人心、道心之异者，則以其或生于形氣之私，或原于性命之正，而所以爲知覺者不同，是以或危殆而不安，或微妙而難見耳。然人莫不有是形，故雖上智不能無人心，亦莫不有是性，故雖下愚不能無道心。二者雜于方寸之間，而不知所以治之，則危者愈危，微者愈微，而天理之公，卒無以勝夫人欲之私矣。精則察夫二者之間而不雜也，一則守其本心之正而不離也。從事于斯，無少間斷，必使道心常爲一身之主，而人心每聽命焉，則危者安、微者著，而動靜云爲，自無過不及之差矣。夫堯、舜、禹，天下之大聖也。以天下相傳，天下之大事也。以天下之大聖，行天下之大事，而其授受之際，丁寧告戒，不過如此。則天下之理，豈有以加于此哉？自是以來，聖聖相承。若成湯、文、武之爲君，皋陶、伊、傅、周、召之爲臣，既皆以此而接夫道統之傳，若吾夫子，則雖不得其位，而所以繼往聖、開來學，其功反有賢于堯、舜者。然當是時，見而知之者，惟顔氏、曾氏之傳得其宗。及曾氏之再傳，而復得夫子之孫子思，則去聖遠而异端起矣。子思懼夫愈久而愈失其真也，于是推本堯、舜以來相傳之意，質以平日所聞父師之言，更互演繹，作爲此書，以詔後之學者。蓋其憂之也深，故其言之也切；其慮之也遠，故其説之也詳。其曰『天命率性』，則道心之謂也；其曰『擇善固執』，則精一之謂也；其曰『君子時中』，則執中之謂也。世之相後，千有餘年，而其言之不异，如合符節。歷選前聖之書，所以提挈綱維、開示藴奥，未有若是其明且盡者也。自是而又再傳以得孟氏，爲能推明是書，以承先聖之統，及其没而遂失其傳焉。則吾道之所寄，不越乎言語文字之間，而异端之説日新月盛，以至于老、佛之徒出，則彌近理而大亂真矣。然而尚幸此書之不泯，故程夫子

兄弟者出，得有所考，以續夫千載不傳之緒；得有所據，以斥夫二家似是之非。蓋子思之功，于是爲大，而微程夫子，則亦莫能因其語而得其心也。惜乎！其所以爲説者不傳，而凡石氏之所輯録，僅出于其門人之所記，是以大義雖明，而微言未析。至其門人所自爲説，則雖頗詳盡而多所發明，然倍其師説而淫于老、佛者，亦有之矣。熹自蚤歲即嘗受讀而竊疑之，沈潛反復，蓋亦有年，一旦恍然似有以得其要領者，然後乃敢會衆説而折其衷。既爲定著章句一篇，以俟後之君子。而一二同志復取石氏書，删其繁亂，名以《輯略》，且記所嘗論辯取舍之意，别爲《或問》，以附其後。然後此書之旨，支分節解，脈絡貫通，詳略相因，巨細畢舉，而凡諸説之同异得失，亦得以曲暢旁通而各極其趣。雖于道統之傳不敢妄議，然初學之士，或有取焉，則亦庶乎升高行遠之一助云爾。

淳熙己酉春三月戊申，新安朱熹序。

中庸章句

子程子曰：『不偏之謂中，不易之謂庸。中者，天下之正道，庸者，天下之定理。』此篇乃孔門傳授心法，子思恐其久而差也，故筆之于書，以授孟子。其書始言一理，中散爲萬事，末復合爲一理，『放之則彌六合，卷之則退藏于密』，其味無窮，皆實學也。善讀者玩索而有得焉，則終身用之，有不能盡者矣。

天命之謂性，率性之謂道，修道之謂教。道也者，不可須臾離也，可離非道也。是故君子戒慎乎其所不睹，恐懼乎其所不聞。莫見乎隱，莫顯乎微，故君子慎其獨也。喜怒哀樂之未發，謂之中；發而皆中節，謂之和。中也者，天下之大本也；和也者，天下之達道也。致中和，天地位焉，萬物育焉。

右第一章。子思述所傳之意以立言：首明道之本原出于天而不可易，其實體備于己而不可離，次言存養省察之要，終言聖神功化之極。蓋欲學者于此反求諸身而自得之，以去夫外誘之私，而充其本然之善，楊氏所謂一篇之體要是也。其下十章，蓋子思引夫子之言，以終此章之義。

仲尼曰：『君子中庸，小人反中庸。君子之中庸也，君子而時中；小人之中庸也，小人而無忌憚也。』

右第二章。

子曰：『中庸其至矣乎！民鮮能久矣！』

右第三章。

子曰：『道之不行也，我知之矣：知者過之，愚者不及也。道之不明也，我知之矣：賢者過之，不肖者不及也。人莫不飲食也，鮮能知味也。』

右第四章。

子曰：『道其不行矣夫！』

右第五章。

子曰：『舜其大知也與！舜好問而好察邇言，隱惡而揚善，執其兩端，用其中于民，其斯以爲舜乎！』

右第六章。

子曰：『人皆曰「予知」，驅而納諸罟擭陷阱之中，而莫之知辟也。人皆曰「予知」，擇乎中庸而不能期月守也。』

右第七章。

子曰：『回之爲人也，擇乎中庸，得一善，則拳拳服膺而弗失之矣。』

右第八章。

子曰：『天下國家可均也，爵祿可辭也，白刃可蹈也，中庸不可能也。』

右第九章。

子路問强。子曰：『南方之强與？北方之强與？抑而强與？寬柔以教，不報無道，南方之强也，君子居之。衽金革，死而不厭，北方之强也，而强者居之。故君子和而不流，强哉矯！中立而不倚，强哉矯！國有道，不變塞焉，强哉矯！國無道，至死不變，强哉矯！』

右第十章。

子曰：『素隱行怪，後世有述焉，吾弗爲之矣。君子遵道而行，半塗而廢，吾弗能已矣。君子依乎中庸，遯世不見知而不悔，唯聖者能之。』

右第十一章。

君子之道費而隱。夫婦之愚，可以與知焉；及其至也，雖聖人亦有所不知焉。夫婦之不肖，可以能行焉；及其至也，雖聖人亦有所不能焉。天地之大也，人猶有所憾。故君子語大，天下莫能載焉；語小，天下莫能破焉。詩云：『鳶飛戾天，魚躍于淵。』言其上下察也。君子之道，造端乎夫婦；及其至也，察乎天地。

右第十二章。子思之言，蓋以申明首章道不可離之意也。其下八章，雜引孔子之言以明之。

子曰：『道不遠人。人之爲道而遠人，不可以爲道。《詩》云：「伐柯伐柯，其則不遠。」執柯以伐柯，睨而視之，猶以爲遠。故君子以人治人，改而止。忠恕違道不遠，施諸己而不願，亦勿施于人。君子之道四，丘未能一焉：所求乎子，以事父，未能也；所求乎臣，以事君，未能也；所求乎弟，以事兄，未能也；所求乎朋友，先施之，未能也。庸德之行，庸言之謹，有所不足，不敢不勉，有餘不敢盡，言顧行，行顧言，君子胡不慥慥爾！』

右第十三章。

君子素其位而行，不願乎其外。素富貴，行乎富貴；素貧賤，行乎貧賤；素夷狄，行乎夷狄；素患難，行乎患難。君子無入而不自得焉。在上位不陵下，在下位不援上，正己而不求于人，則無怨。上不怨天，下不尤人。故君子居易以俟命，小人行險以徼幸。子曰：『射有似乎君子；失諸正鵠，反求諸其身。』

右第十四章。

君子之道，辟如行遠，必自邇，辟如登高，必自卑。《詩》曰：『妻子好合，如鼓瑟琴。兄弟既翕，和樂且耽。宜爾室家，樂爾妻帑。』子曰：『父母其順矣乎？』

右第十五章。

子曰：『鬼神之爲德，其盛矣乎！視之而弗見，聽之而弗聞，體物而不可遺。使天下之人齊明盛服，以承祭祀。洋洋乎如在其上，如在其左右。《詩》曰：「神之格思，不可度思，矧可射思。」夫微之顯，誠之不可揜，如此夫！』

右第十六章。

子曰：『舜其大孝也與！德爲聖人，尊爲天子，富有四海之內。宗廟饗之，子孫保之。故大德必得其位，必得其祿，必得其名，必得其壽。故天之生物，必因其材而篤焉。故栽者培之，傾者覆之。《詩》曰：「嘉樂君子，憲憲令德，宜民宜人，受祿于天。保佑命之，自天申之。」故大德者必受命。』

右第十七章。

子曰：『無憂者其惟文王乎！以王季爲父，以武王爲子，父作之，子述之。武王纘大

王、王季、文王之緒，壹戎衣而有天下，身不失天下之顯名。尊爲天子，富有四海之内。宗廟饗之，子孫保之。武王末受命，周公成文、武之德，追王大王、王季，上祀先公以天子之禮。斯禮也，達乎諸侯、大夫及士、庶人。父爲大夫，子爲士，葬以大夫，祭以士。父爲士，子爲大夫，葬以士，祭以大夫。期之喪，達乎大夫。三年之喪，達乎天子。父母之喪，無貴賤，一也。』

右第十八章。

子曰：『武王、周公其達孝矣乎！夫孝者，善繼人之志，善述人之事者也。春秋修其祖廟，陳其宗器，設其裳衣，薦其時食。宗廟之禮，所以序昭穆也。序爵，所以辨貴賤也。序事，所以辨賢也。旅酬下爲上，所以逮賤也。燕毛，所以序齒也。踐其位，行其禮，奏其樂，敬其所尊，愛其所親，事死如事生，事亡如事存，孝之至也。郊社之禮，所以事上帝也。宗廟之禮，所以祀乎其先也。明乎郊社之禮、禘嘗之義，治國其如示諸掌乎！』

右第十九章。

哀公問政。子曰：『文武之政，布在方策。其人存，則其政舉；其人亡，則其政息。人道敏政，地道敏樹。夫政也者，蒲盧也。故爲政在人，取人以身，修身以道，修道以仁。仁者，人也，親親爲大；義者，宜也，尊賢爲大。親親之殺，尊賢之等，禮所生也。在下位不獲乎上，民不可得而治矣。故君子不可以不修身；思修身，不可以不事親；思事親，不可以不知人；思知人，不可以不知天。天下之達道五，所以行之者三。曰：君臣也，父子也，夫婦也，昆弟也，朋友之交也。五者，天下之達道也。知、仁、勇三者，天下之達德也，所以行之者一也。或生而知之，或學而知之，或困而知之，及其知之一也。或安而行之，或利而行之，或勉强而行之，及其成功一也。』子曰：『好學近乎知，力行近乎仁，知耻近乎勇。知斯三者，則知所以修身；知所以修身，則知所以治人；知所以治人，則知所以治天下國家矣。凡爲天下國家有九經，曰：修身也，尊賢也，親親也，敬大臣也，體群臣也，子庶民也，來百工也，柔遠人也，懷諸侯也。修身則道立，尊賢則不惑，

親親則諸父昆弟不怨，敬大臣則不眩，體群臣則士之報禮重，子庶民則百姓勸，來百工則財用足，柔遠人則四方歸之，懷諸侯則天下畏之。齊明盛服，非禮不動，所以修身也；去讒遠色，賤貨而貴德，所以勸賢也；尊其位，重其禄，同其好惡，所以勸親親也；官盛任使，所以勸大臣也；忠信重禄，所以勸士也；時使薄斂，所以勸百姓也；日省月試，既禀稱事，所以勸百工也；送往迎來，嘉善而矜不能，所以柔遠人也；繼絶世，舉廢國，治亂持危，朝聘以時，厚往而薄來，所以懷諸侯也。凡爲天下國家有九經，所以行之者一也。凡事豫則立，不豫則廢。言前定則不跲，事前定則不困，行前定則不疚，道前定則不窮。在下位不獲乎上，民不可得而治矣。獲乎上有道，不信乎朋友，不獲乎上矣。信乎朋友有道，不順乎親，不信乎朋友矣。順乎親有道，反諸身不誠，不順乎親矣。誠身有道，不明乎善，不誠乎身矣。誠者，天之道也；誠之者，人之道也。誠者不勉而中，不思而得，從容中道，聖人也。誠之者，擇善而固執之者也。博學之，審問之，慎思之，明辨之，篤行之。有弗學，學之弗能弗措也；有弗問，問之弗知弗措也；有弗思，思之弗得弗措也；有弗辨，辨之弗明弗措也；有弗行，行之弗篤弗措也。人一能之，己百之。人十能之，己千之。果能此道矣，雖愚必明，雖柔必强。

右第二十章。

自誠明，謂之性；自明誠，謂之教。誠則明矣，明則誠矣。

右第二十一章。子思承上章夫子天道、人道之意而立言也。自此以下十二章，皆子思之言，以反復推明此章之意。

唯天下至誠，爲能盡其性；能盡其性，則能盡人之性；能盡人之性，則能盡物之性；能盡物之性，則可以贊天地之化育；可以贊天地之化育，則可以與天地參矣。

右第二十二章。

其次致曲。曲能有誠，誠則形，形則著，著則明，明則動，動則變，變則化。唯天下至誠爲能化。

右第二十三章。

至誠之道，可以前知。國家將興，必有禎祥。國家將亡，必有妖孽。見乎蓍龜，動乎四體。禍福將至，善，必先知之；不善，必先知之。故至誠如神。

右第二十四章。

誠者自成也，而道自道也。誠者物之終始，不誠無物。是故君子誠之爲貴。誠者非自成己而已也，所以成物也。成己，仁也；成物，知也。性之德也，合外内之道也，故時措之宜也。

右第二十五章。

故至誠無息。不息則久，久則徵。徵則悠遠，悠遠則博厚，博厚則高明。博厚，所以載物也；高明，所以覆物也；悠久，所以成物也。博厚配地，高明配天，悠久無疆。如此者，不見而章，不動而變，無爲而成。天地之道，可一言而盡也：其爲物不貳，則其生物不測。天地之道：博也，厚也，高也，明也，悠也，久也。今夫天，斯昭昭之多，及其無窮也，日月星辰繫焉，萬物覆焉。今夫地，一撮土之多，及其廣厚，載華岳而不重，振河海而不泄，萬物載焉。今夫山，一卷石之多，及其廣大，草木生之，禽獸居之，寶藏興焉。今夫水，一勺之多，及其不測，黿鼉、蛟龍、魚鱉生焉，貨財殖焉。《詩》云：『維天之命，于穆不已。』蓋曰天之所以爲天也。『於乎不顯！文王之德之純。』蓋曰文王之所以爲文也，純亦不已。

右第二十六章。

大哉聖人之道！洋洋乎發育萬物，峻極于天。優優大哉！禮儀三百，威儀三千。待其人而後行。故曰苟不至德，至道不凝焉。故君子尊德性而道問學，致廣大而盡精微，極高明而道中庸。温故而知新，敦厚以崇禮。是故居上不驕，爲下不倍。國有道，其言足以興；國無道，其默足以容。《詩》曰：『既明且哲，以保其身。』其此之謂與！

右第二十七章。

子曰：『愚而好自用，賤而好自專，生乎今之世，反古之道。如此者，灾及其身者也。』非天子，不議禮，不制度，不考文。今天下車同軌，書同文，行同倫。雖有其位，苟

無其德，不敢作禮樂焉；雖有其德，苟無其位，亦不敢作禮樂焉。子曰：『吾説夏禮，杞不足徵也。吾學殷禮，有宋存焉。吾學周禮，今用之，吾從周。』

右第二十八章。

王天下有三重焉，其寡過矣乎！上焉者，雖善無徵，無徵不信，不信民弗從；下焉者，雖善不尊，不尊不信，不信民弗從。故君子之道：本諸身，徵諸庶民，考諸三王而不繆，建諸天地而不悖，質諸鬼神而無疑，百世以俟聖人而不惑。質諸鬼神而無疑，知天也。百世以俟聖人而不惑，知人也。是故君子動而世爲天下道，行而世爲天下法，言而世爲天下則。遠之則有望，近之則不厭。《詩》曰：『在彼無惡，在此無射。庶幾夙夜，以永終譽。』君子未有不如此，而蚤有譽于天下者也。

右第二十九章。

仲尼祖述堯舜，憲章文武，上律天時，下襲水土。辟如天地之無不持載，無不覆幬。辟如四時之錯行，如日月之代明。萬物并育而不相害，道并行而不相悖，小德川流，大德敦化，此天地之所以爲大也。

右第三十章。

唯天下至聖爲能聰明睿知，足以有臨也；寬裕温柔，足以有容也；發强剛毅，足以有執也；齊莊中正，足以有敬也；文理密察，足以有別也。溥博淵泉，而時出之。溥博如天，淵泉如淵。見而民莫不敬，言而民莫不信，行而民莫不説。是以聲名洋溢乎中國，施及蠻貊。舟車所至，人力所通，天之所覆，地之所載，日月所照，霜露所隊，凡有血氣者，莫不尊親，故曰配天。

右第三十一章。

唯天下至誠，爲能經綸天下之大經，立天下之大本，知天地之化育。夫焉有所倚？肫肫其仁，淵淵其淵，浩浩其天。苟不固聰明聖知達天德者，其孰能知之？

右第三十二章。

《詩》曰：『衣錦尚絅。』惡其文之著也。故君子之道，闇然而日章；小人之道，的

然而日亡。君子之道，淡而不厭，簡而文，温而理，知遠之近，知風之自，知微之顯，可與入德矣。《詩》云：『潛雖伏矣，亦孔之昭。』故君子内省不疚，無惡于志。君子之所不可及者，其唯人之所不見乎？《詩》云：『相在爾室，尚不愧于屋漏。』故君子不動而敬，不言而信。《詩》曰：『奏假無言，時靡有爭。』是故君子不賞而民勸，不怒而民威于鈇鉞。《詩》曰：『不顯惟德，百辟其刑之。』是故君子篤恭而天下平。《詩》云：『予懷明德，不大聲以色。』子曰：『聲色之于以化民，末也。』《詩》曰：『德輶如毛。』毛猶有倫。『上天之載，無聲無臭。』至矣！

右第三十三章。子思因前章極致之言，反求其本，復自下學爲己謹獨之事，推而言之，以馴致乎篤恭而天下平之盛。又贊其妙，至于無聲無臭而後已焉。蓋舉一篇之要而約言之，其反復丁寧示人之意，至深切矣，學者其可不盡心乎！

四書章句

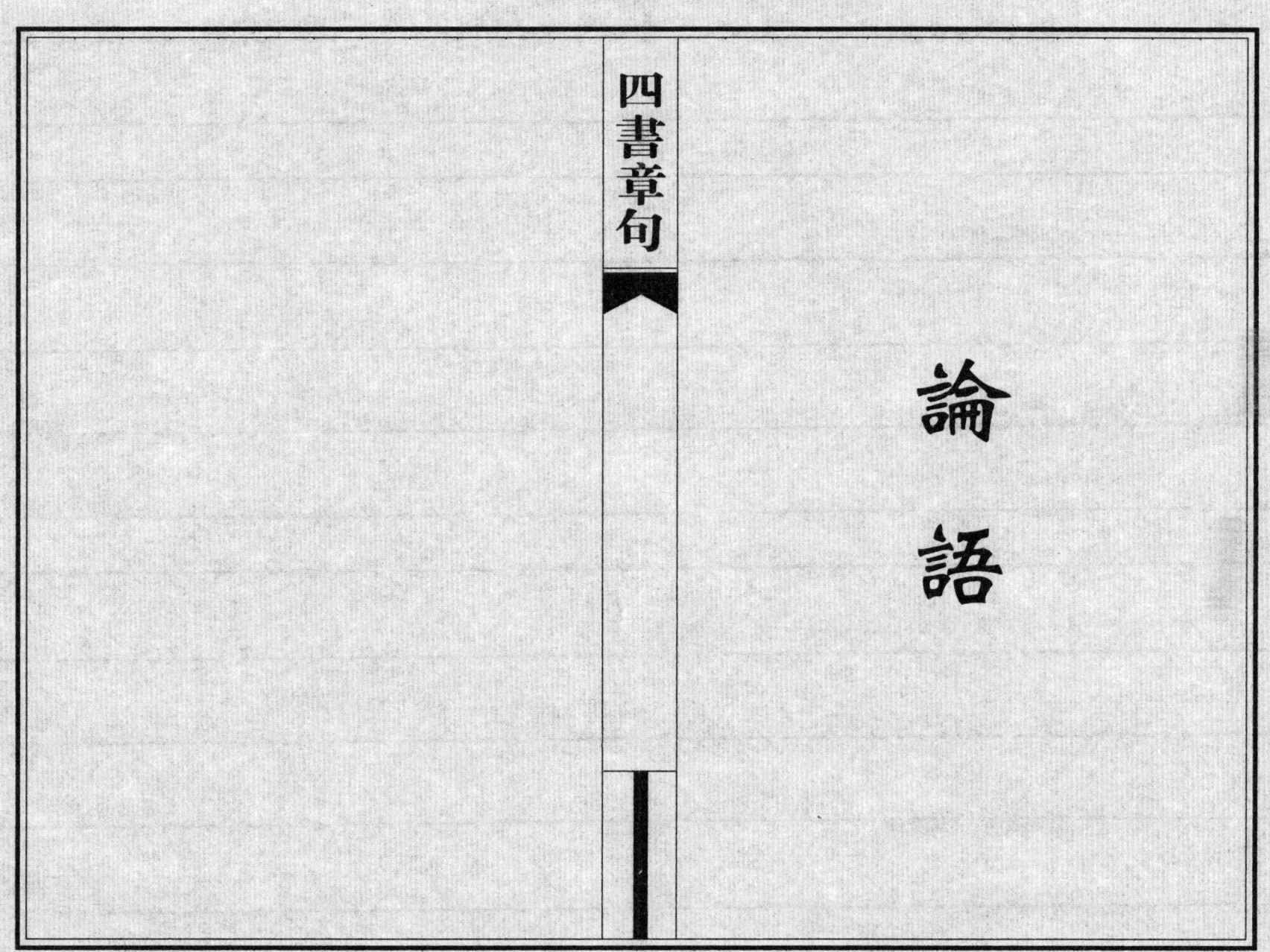

論語

四書章句

論語

論語序說

《史記·世家》曰：孔子名丘，字仲尼。其先宋人。父叔梁紇，母顏氏。以魯襄公二十二年，庚戌之歲，十一月庚子，生孔子于魯昌平鄉陬邑。爲兒嬉戲，常陳俎豆，設禮容。及長，爲委吏，料量平，爲司職吏，畜蕃息。適周，問禮于老子。既反，而弟子益進。昭公二十五年甲申，孔子年三十五，而昭公奔齊，魯亂，于是適齊，爲高昭子家臣，以通乎景公。公欲封以尼谿之田，晏嬰不可，公惑之。孔子遂行，反乎魯。定公元年壬辰，孔子年四十三，而季氏强僭，其臣陽虎作亂專政。故孔子不仕，而退修《詩》、《書》、《禮》、《樂》，弟子彌衆。九年庚子，孔子年五十一，公山不狃以費畔，季氏召孔子，欲往而卒不行。定公以孔子爲中都宰，一年，四方則之，遂爲司空，又爲大司寇。十年辛丑，相定公會齊侯于夾谷，齊人歸魯侵地。十二年癸卯，使仲由爲季氏宰，墮三都，收其甲兵，孟氏不肯墮成，圍之不克。十四年乙巳，孔子年五十六，攝行相事，誅少正卯，與聞國政。三月，魯國大治。齊人歸女樂以沮之，季桓子受之，郊又不致膰俎于大夫，孔子行。適衛，主于子路妻兄顏濁鄒家。適陳，過匡，匡人以爲陽虎而拘之。既解，還衛，主蘧伯玉家，見南子。去適宋，司馬桓魋欲殺之。又去，適陳，主司城貞子家。居三歲而反于衛，靈公不能用。晋趙氏家臣佛肸以中牟畔，召孔子。孔子欲往，亦不果。將西見趙簡子，至河而反，又主蘧伯玉家。靈公問陳，不對而行，復如陳。季桓子卒，遺言謂康子必召孔子，其臣止之，康子乃召冉求。孔子如蔡及葉。楚昭王將以書社地封孔子，令尹子西不可，乃止。又反乎衛，時靈公已卒，衛君輒欲得孔子爲政。而冉求爲季氏將，與齊戰有功。康子乃召孔子，而孔子歸魯，實哀公之十一年丁巳，而孔子年六十八矣。然魯終不能用孔子，孔子亦不求仕，乃叙《書傳》、《禮記》，删《詩》正《樂》，序《易·彖》、《繫》、《象》、《説卦》、《文言》。弟子蓋三千焉，身通六藝者七十二人。十四年庚申，魯西狩獲麟，孔子作《春秋》。明年辛酉，子路死于衛。十六年壬戌，四月己丑，孔子卒，年七十三，葬魯城北泗上。弟子皆服心喪三年而去，惟子貢廬于冢上，凡六年。孔子生鯉，字伯魚，先卒。伯魚

生伋，字子思，作《中庸》。

何氏曰：「《魯論語》二十篇。《齊論語》別有《問王》、《知道》，凡二十二篇。其二十篇中，章句頗多于《魯論》。《古論》出孔氏壁中，分《堯曰》下章『子張問』以爲一篇，有兩《子張》，凡二十一篇，篇次不與《齊》、《魯論》同。」

程子曰：「《論語》之書，成于有子、曾子之門人，故其書獨二子以子稱。」

程子曰：「讀《論語》，有讀了全然無事者；有讀了後，其中得一兩句喜者；有讀了後知好之者；有讀了後，直有不知手之舞之足之蹈之者。」

程子曰：「今人不會讀書。如讀《論語》，未讀時是此等人，讀了後又只是此等人，便是不曾讀。」

程子曰：「頤自十七八讀《論語》，當時已曉文義。讀之愈久，但覺意味深長。」

學而第一

子曰：『學而時習之，不亦説乎？有朋自遠方來，不亦樂乎？人不知而不慍，不亦君子乎？』

有子曰：『其爲人也孝弟，而好犯上者，鮮矣；不好犯上，而好作亂者，未之有也。君子務本，本立而道生。孝弟也者，其爲仁之本與！』

子曰：『巧言令色，鮮矣仁！』

曾子曰：『吾日三省吾身：爲人謀而不忠乎？與朋友交而不信乎？傳不習乎？』

子曰：『道千乘之國，敬事而信，節用而愛人，使民以時。』

子曰：『弟子入則孝，出則弟，謹而信，泛愛衆，而親仁。行有餘力，則以學文。』

子夏曰：『賢賢易色；事父母，能竭其力；事君，能致其身；與朋友交，言而有信。雖曰未學，吾必謂之學矣。』

子曰：『君子不重則不威，學則不固。主忠信。無友不如己者。過則勿憚改。』

曾子曰：『慎終追遠，民德歸厚矣。』

子禽問于子貢曰：『夫子至于是邦也，必聞其政，求之與？抑與之與？』子貢曰：『夫子温、良、恭、儉、讓以得之。夫子之求之也，其諸异乎人之求之與？』

子曰：『父在，觀其志；父没，觀其行；三年無改于父之道，可謂孝矣。』

有子曰：『禮之用，和爲貴。先王之道，斯爲美，小大由之。有所不行，知和而和，不以禮節之，亦不可行也。』

有子曰：『信近于義，言可復也；恭近于禮，遠耻辱也；因不失其親，亦可宗也。』

子曰：『君子食無求飽，居無求安，敏于事而慎于言，就有道而正焉，可謂好學也已。』

子貢曰：『貧而無諂，富而無驕，何如？』子曰：『可也。未若貧而樂，富而好禮者也。』

子貢曰：「《詩》云：『如切如磋，如琢如磨。』其斯之謂與？」子曰：「賜也，始可與言《詩》已矣！告諸往而知來者。」

子曰：「不患人之不己知，患不知人也。」

爲政第二

子曰：『爲政以德，譬如北辰，居其所而衆星共之。』

子曰：『《詩》三百，一言以蔽之，曰「思無邪」。』

子曰：『道之以政，齊之以刑，民免而無恥；道之以德，齊之以禮，有恥且格。』

子曰：『吾十有五而志于學，三十而立，四十而不惑，五十而知天命，六十而耳順，七十而從心所欲，不逾矩。』

孟懿子問孝。子曰：『無違。』樊遲御，子告之曰：『孟孫問孝于我，我對曰「無違」。』樊遲曰：『何謂也？』子曰：『生，事之以禮；死，葬之以禮，祭之以禮。』

孟武伯問孝。子曰：『父母唯其疾之憂。』

子游問孝。子曰：『今之孝者，是謂能養。至于犬馬，皆能有養。不敬，何以別乎？』

子夏問孝。子曰：『色難。有事，弟子服其勞；有酒食，先生饌，曾是以爲孝乎？』

子曰：『吾與回言，終日不違，如愚。退而省其私，亦足以發。回也不愚。』

子曰：『視其所以，觀其所由，察其所安。人焉廋哉？人焉廋哉？』

子曰：『温故而知新，可以爲師矣。』

子曰：『君子不器。』

子貢問君子。子曰：『先行其言，而後從之。』

子曰：『君子周而不比，小人比而不周。』

子曰：『學而不思則罔，思而不學則殆。』

子曰：『攻乎异端，斯害也已。』

子曰：『由，誨女知之乎！知之爲知之，不知爲不知，是知也。』

子張學干禄。子曰：『多聞闕疑，慎言其餘，則寡尤。多見闕殆，慎行其餘，則寡悔。言寡尤，行寡悔，禄在其中矣。』

哀公問曰：『何爲則民服？』孔子對曰：『舉直錯諸枉，則民服；舉枉錯諸直，則民

不服。」

季康子問：「使民敬、忠以勸，如之何？」子曰：「臨之以莊則敬，孝慈則忠，舉善而教不能則勸。」

或謂孔子曰：「子奚不爲政？」子曰：「《書》云：『孝乎惟孝，友于兄弟，施于有政。』是亦爲政，奚其爲爲政？」

子曰：「人而無信，不知其可也。大車無輗，小車無軏，其何以行之哉？」

子張問：「十世可知也？」子曰：「殷因于夏禮，所損益，可知也；周因于殷禮，所損益，可知也；其或繼周者，雖百世可知也。」

子曰：「非其鬼而祭之，諂也。見義不爲，無勇也。」

八佾第三

孔子謂季氏：「八佾舞于庭，是可忍也，孰不可忍也？」

三家者以《雍》徹。子曰：「『相維辟公，天子穆穆』，奚取于三家之堂？」

子曰：「人而不仁，如禮何？人而不仁，如樂何？」

林放問禮之本。子曰：「大哉問！禮，與其奢也，寧儉；喪，與其易也，寧戚。」

子曰：「夷狄之有君，不如諸夏之亡也。」

季氏旅于泰山。子謂冉有曰：「女弗能救與？」對曰：「不能。」子曰：「嗚呼！曾謂泰山不如林放乎？」

子曰：「君子無所爭。必也射乎！揖讓而升，下而飲，其爭也君子。」

子夏問曰：「『巧笑倩兮，美目盼兮，素以爲絢兮。』何謂也？」子曰：「繪事後素。」曰：「禮後乎？」子曰：「起予者商也！始可與言《詩》已矣。」

子曰：「夏禮，吾能言之，杞不足徵也；殷禮，吾能言之，宋不足徵也。文獻不足故也。足，則吾能徵之矣。」

子曰：「禘，自既灌而往者，吾不欲觀之矣。」

或問禘之說。子曰：「不知也。知其說者之于天下也，其如示諸斯乎！」指其掌。

祭如在，祭神如神在。子曰：「吾不與祭，如不祭。」

王孫賈問曰：「『與其媚于奧，寧媚于竈』，何謂也？」子曰：「不然，獲罪于天，無所禱也。」

子曰：「周監于二代，郁郁乎文哉！吾從周。」

子入大廟，每事問。或曰：「孰謂鄹人之子知禮乎？入大廟，每事問。」子聞之，曰：「是禮也。」

子曰：「射不主皮，爲力不同科，古之道也。」

子貢欲去告朔之餼羊。子曰：「賜也！爾愛其羊，我愛其禮。」

子曰：『事君盡禮，人以爲諂也。』

定公問：『君使臣，臣事君，如之何？』孔子對曰：『君使臣以禮，臣事君以忠。』

子曰：『《關雎》，樂而不淫，哀而不傷。』

哀公問社于宰我。宰我對曰：『夏后氏以松，殷人以柏，周人以栗，曰使民戰栗。』

子聞之曰：『成事不說，遂事不諫，既往不咎。』

子曰：『管仲之器小哉！』或曰：『管仲儉乎？』曰：『管仲有三歸，官事不攝，焉得儉？』『然則管仲知禮乎？』曰：『邦君樹塞門，管氏亦樹塞門。邦君爲兩君之好，有反坫，管氏亦有反坫。管氏而知禮，孰不知禮？』

子語魯大師樂，曰：『樂其可知也：始作，翕如也；從之，純如也，皦如也，繹如也，以成。』

儀封人請見。曰：『君子之至于斯也，吾未嘗不得見也。』從者見之。出，曰：『二三子何患于喪乎？天下之無道也久矣，天將以夫子爲木鐸。』

子謂《韶》：『盡美矣，又盡善也。』謂《武》：『盡美矣，未盡善也。』

子曰：『居上不寬，爲禮不敬，臨喪不哀，吾何以觀之哉？』

里仁第四

子曰：「里仁爲美。擇不處仁，焉得知？」

子曰：「不仁者，不可以久處約，不可以長處樂。仁者安仁，知者利仁。」

子曰：「惟仁者能好人，能惡人。」

子曰：「苟志于仁矣，無惡也。」

子曰：「富與貴，是人之所欲也，不以其道得之，不處也。貧與賤，是人之所惡也，不以其道得之，不去也。君子去仁，惡乎成名？君子無終食之間違仁，造次必于是，顛沛必于是。」

子曰：「我未見好仁者、惡不仁者。好仁者，無以尚之；惡不仁者，其爲仁矣，不使不仁者加乎其身。有能一日用其力于仁矣乎？我未見力不足者。蓋有之矣，我未之見也。」

子曰：「人之過也，各于其黨。觀過，斯知仁矣。」

子曰：「朝聞道，夕死可矣。」

子曰：「士志于道，而耻惡衣惡食者，未足與議也。」

子曰：「君子之于天下也，無適也，無莫也，義之與比。」

子曰：「君子懷德，小人懷土；君子懷刑，小人懷惠。」

子曰：「放于利而行，多怨。」

子曰：「能以禮讓爲國乎？何有？不能以禮讓爲國，如禮何？」

子曰：「不患無位，患所以立；不患莫己知，求爲可知也。」

子曰：「參乎！吾道一以貫之。」曾子曰：「唯。」子出，門人問曰：「何謂也？」曾子曰：「夫子之道，忠恕而已矣。」

子曰：「君子喻于義，小人喻于利。」

子曰：「見賢思齊焉，見不賢而内自省也。」

子曰：「事父母幾諫，見志不從，又敬不違，勞而不怨。」

子曰：「父母在，不遠遊，遊必有方。」

子曰：「三年無改于父之道，可謂孝矣。」

子曰：「父母之年，不可不知也。一則以喜，一則以懼。」

子曰：「古者言之不出，耻躬之不逮也。」

子曰：「以約失之者，鮮矣。」

子曰：「君子欲訥于言，而敏于行。」

子曰：「德不孤，必有鄰。」

子游曰：「事君數，斯辱矣；朋友數，斯疏矣。」

公冶長第五

子謂公冶長：『可妻也。雖在縲絏之中，非其罪也。』以其子妻之。子謂南容：『邦有道，不廢；邦無道，免于刑戮。』以其兄之子妻之。

子謂子賤：『君子哉若人！魯無君子者，斯焉取斯？』

子貢問曰：『賜也何如？』子曰：『女，器也。』曰：『何器也？』曰：『瑚璉也。』

或曰：『雍也仁而不佞。』子曰：『焉用佞？禦人以口給，屢憎于人。不知其仁，焉用佞？』

子使漆雕開仕。對曰：『吾斯之未能信。』子説。

子曰：『道不行，乘桴浮于海。從我者，其由與？』子路聞之喜。子曰：『由也好勇過我，無所取材。』

孟武伯問：『子路仁乎？』子曰：『不知也。』又問。子曰：『由也，千乘之國，可使治其賦也，不知其仁也。』『求也何如？』子曰：『求也，千室之邑，百乘之家，可使爲之宰也，不知其仁也。』『赤也何如？』子曰：『赤也，束帶立于朝，可使與賓客言也，不知其仁也。』

子謂子貢曰：『女與回也孰愈？』對曰：『賜也何敢望回？回也聞一以知十，賜也聞一以知二。』子曰：『弗如也！吾與女弗如也。』

宰予晝寢。子曰：『朽木不可雕也，糞土之墻，不可杇也；于予與何誅？』子曰：『始吾于人也，聽其言而信其行；今吾于人也，聽其言而觀其行。于予與改是。』

子曰：『吾未見剛者。』或對曰：『申棖。』子曰：『棖也欲，焉得剛。』

子貢曰：『我不欲人之加諸我也，吾亦欲無加諸人。』子曰：『賜也，非爾所及也。』

子貢曰：『夫子之文章，可得而聞也；夫子之言性與天道，不可得而聞也。』

子路有聞，未之能行，唯恐有聞。

子貢問曰：『孔文子何以謂之「文」也？』子曰：『敏而好學，不耻下問，是以謂之

「文」也。』

子謂子産：『有君子之道四焉：其行己也恭，其事上也敬，其養民也惠，其使民也義。』

子曰：『晏平仲善與人交，久而敬之。』

子曰：『臧文仲居蔡，山節藻梲，何如其知也？』

子張問曰：『令尹子文三仕爲令尹，無喜色；三已之，無慍色。舊令尹之政，必以告新令尹。何如？』子曰：『忠矣。』曰：『仁矣乎？』曰：『未知。焉得仁？』『崔子弑齊君，陳文子有馬十乘，弃而違之。至于他邦，則曰：「猶吾大夫崔子也。」違之。之一邦，則又曰：「猶吾大夫崔子也。」違之。何如？』子曰：『清矣。』曰：『仁矣乎？』曰：『未知。焉得仁？』

季文子三思而後行。子聞之，曰：『再，斯可矣。』

子曰：『甯武子，邦有道，則知；邦無道，則愚。其知可及也，其愚不可及也。』

子在陳，曰：『歸與！歸與！吾黨之小子狂簡，斐然成章，不知所以裁之。』

子曰：『伯夷、叔齊不念舊惡，怨是用希。』

子曰：『孰謂微生高直？或乞醯焉，乞諸其鄰而與之。』

子曰：『巧言、令色、足恭，左丘明耻之，丘亦耻之。匿怨而友其人，左丘明耻之，丘亦耻之。』

顔淵、季路侍。子曰：『盍各言爾志。』子路曰：『願車馬衣輕裘與朋友共，敝之而無憾。』顔淵曰：『願無伐善，無施勞。』子路曰：『願聞子之志。』子曰：『老者安之，朋友信之，少者懷之。』

子曰：『已矣乎，吾未見能見其過而内自訟者也。』

子曰：『十室之邑，必有忠信如丘者焉，不如丘之好學也。』

雍也第六

子曰：『雍也可使南面。』仲弓問子桑伯子。子曰：『可也，簡。』仲弓曰：『居敬而行簡，以臨其民，不亦可乎？居簡而行簡，無乃大簡乎？』子曰：『雍之言然。』

哀公問：『弟子孰爲好學？』孔子對曰：『有顔回者好學，不遷怒，不貳過。不幸短命死矣，今也則亡，未聞好學者也。』

子華使于齊，冉子爲其母請粟。子曰：『與之釜。』請益。曰：『與之庾。』冉子與之粟五秉。子曰：『赤之適齊也，乘肥馬，衣輕裘。吾聞之也：君子周急不繼富。』原思爲之宰，與之粟九百，辭。子曰：『毋！以與爾鄰里鄉黨乎。』

子謂仲弓曰：『犁牛之子騂且角，雖欲勿用，山川其舍諸？』

子曰：『回也，其心三月不違仁，其餘則日月至焉而已矣。』

季康子問：『仲由可使從政也與？』子曰：『由也果，于從政乎何有？』曰：『賜也可使從政也與？』曰：『賜也達，于從政乎何有？』曰：『求也可使從政也與？』曰：『求也藝，于從政乎何有？』

季氏使閔子騫爲費宰。閔子騫曰：『善爲我辭焉！如有復我者，則吾必在汶上矣。』

伯牛有疾，子問之，自牖執其手，曰：『亡之，命矣夫！斯人也而有斯疾也！斯人也而有斯疾也！』

子曰：『賢哉，回也！一簞食，一瓢飲，在陋巷，人不堪其憂，回也不改其樂。賢哉，回也！』

冉求曰：『非不説子之道，力不足也。』子曰：『力不足者，中道而廢，今女畫。』

子謂子夏曰：『女爲君子儒，無爲小人儒。』

子游爲武城宰。子曰：『女得人焉耳乎？』曰：『有澹臺滅明者，行不由徑，非公事，未嘗至于偃之室也。』

子曰：『孟之反不伐，奔而殿，將入門，策其馬，曰：「非敢後也，馬不進也。」』

子曰：『不有祝鮀之佞，而有宋朝之美，難乎免于今之世矣。』

子曰：『誰能出不由戶？何莫由斯道也？』

子曰：『質勝文則野，文勝質則史。文質彬彬，然後君子。』

子曰：『人之生也直，罔之生也幸而免。』

子曰：『知之者不如好之者，好之者不如樂之者。』

子曰：『中人以上，可以語上也；中人以下，不可以語上也。』

樊遲問知。子曰：『務民之義，敬鬼神而遠之，可謂知矣。』問仁。曰：『仁者先難而後獲，可謂仁矣。』

子曰：『知者樂水，仁者樂山。知者動，仁者靜。知者樂，仁者壽。』

子曰：『齊一變，至于魯；魯一變，至于道。』

子曰：『觚不觚，觚哉！觚哉！』

宰我問曰：『仁者，雖告之曰「井有仁焉」，其從之也？』子曰：『何爲其然也？君子可逝也，不可陷也；可欺也，不可罔也。』

子曰：『君子博學于文，約之以禮，亦可以弗畔矣夫！』

子見南子，子路不說。夫子矢之曰：『予所否者，天厭之！天厭之！』

子曰：『中庸之爲德也，其至矣乎！民鮮久矣。』

子貢曰：『如有博施于民而能濟衆，何如？可謂仁乎？』子曰：『何事于仁，必也聖乎！堯、舜其猶病諸！夫仁者，己欲立而立人，己欲達而達人。能近取譬，可謂仁之方也已。』

述而第七

子曰：「述而不作，信而好古，竊比于我老彭。」

子曰：「默而識之，學而不厭，誨人不倦，何有于我哉？」

子曰：「德之不修，學之不講，聞義不能徙，不善不能改，是吾憂也。」

子之燕居，申申如也，夭夭如也。

子曰：「甚矣吾衰也！久矣吾不復夢見周公！」

子曰：「志于道，據于德，依于仁，遊于藝。」

子曰：「自行束脩以上，吾未嘗無誨焉。」

子曰：「不憤不啓，不悱不發，舉一隅不以三隅反，則不復也。」

子食于有喪者之側，未嘗飽也。

子于是日哭，則不歌。

子謂顏淵曰：「用之則行，舍之則藏，唯我與爾有是夫！」子路曰：「子行三軍，則誰與？」子曰：「暴虎馮河，死而無悔者，吾不與也。必也臨事而懼，好謀而成者也。」

子曰：「富而可求也，雖執鞭之士，吾亦爲之。如不可求，從吾所好。」

子之所慎：齊，戰，疾。

子在齊，聞《韶》，三月不知肉味，曰：「不圖爲樂之至于斯也。」

冉有曰：「夫子爲衛君乎？」子貢曰：「諾，吾將問之。」入，曰：「伯夷、叔齊何人也？」曰：「古之賢人也。」曰：「怨乎？」曰：「求仁而得仁，又何怨？」出，曰：「夫子不爲也。」

子曰：「飯疏食，飲水，曲肱而枕之，樂亦在其中矣。不義而富且貴，于我如浮雲。」

子曰：「加我數年，五十以學《易》，可以無大過矣。」

子所雅言，《詩》、《書》、執禮，皆雅言也。

葉公問孔子于子路，子路不對。子曰：「女奚不曰，其爲人也，發憤忘食，樂以忘憂，

不知老之將至云爾。』

子曰：『我非生而知之者，好古，敏以求之者也。』

子不語：怪、力、亂、神。

子曰：『三人行，必有我師焉：擇其善者而從之，其不善者而改之。』

子曰：『天生德于予，桓魋其如予何？』

子曰：『二三子以我爲隱乎？吾無隱乎爾。吾無行而不與二三子者，是丘也。』

子以四教：文、行、忠、信。

子曰：『聖人，吾不得而見之矣；得見君子者，斯可矣。』子曰：『善人，吾不得而見之矣；得見有恒者，斯可矣。亡而爲有，虛而爲盈，約而爲泰，難乎有恒乎。』

子釣而不綱，弋不射宿。

子曰：『蓋有不知而作之者，我無是也。多聞擇其善者而從之，多見而識之，知之次也。』

互鄉難與言，童子見，門人惑。子曰：『與其進也，不與其退也，唯何甚？人潔己以進，與其潔也，不保其往也。』

子曰：『仁遠乎哉？我欲仁，斯仁至矣。』

陳司敗問：『昭公知禮乎？』孔子曰：『知禮。』孔子退，揖巫馬期而進之，曰：『吾聞君子不黨，君子亦黨乎？君取于吳爲同姓，謂之吳孟子。君而知禮，孰不知禮？』巫馬期以告。子曰：『丘也幸，苟有過，人必知之。』

子與人歌而善，必使反之，而後和之。

子曰：『文，莫吾猶人也。躬行君子，則吾未之有得。』

子曰：『若聖與仁，則吾豈敢？抑爲之不厭，誨人不倦，則可謂云爾已矣。』公西華曰：『正唯弟子不能學也。』

子疾病，子路請禱。子曰：『有諸？』子路對曰：『有之。《誄》曰：「禱爾于上下神祇。」』子曰：『丘之禱久矣。』

子曰：「奢則不孫，儉則固。與其不孫也，寧固。」

子曰：「君子坦蕩蕩，小人長戚戚。」

子溫而厲，威而不猛，恭而安。

泰伯第八

子曰：『泰伯，其可謂至德也已矣。三以天下讓，民無得而稱焉。』

子曰：『恭而無禮則勞，慎而無禮則葸，勇而無禮則亂，直而無禮則絞。君子篤于親，則民興于仁；故舊不遺，則民不偷。』

曾子有疾，召門弟子曰：『啓予足！啓予手！《詩》云：「戰戰兢兢，如臨深淵，如履薄冰。」而今而後，吾知免夫！小子！』

曾子有疾，孟敬子問之。曾子言曰：『鳥之將死，其鳴也哀；人之將死，其言也善。君子所貴乎道者三：動容貌，斯遠暴慢矣；正顔色，斯近信矣；出辭氣，斯遠鄙倍矣。籩豆之事，則有司存。』

曾子曰：『以能問于不能，以多問于寡，有若無，實若虛，犯而不校。昔者吾友嘗從事于斯矣。』

曾子曰：『可以托六尺之孤，可以寄百里之命，臨大節而不可奪也，君子人與？君子人也。』

曾子曰：『士不可以不弘毅，任重而道遠。仁以爲己任，不亦重乎？死而後已，不亦遠乎？』

子曰：『興于《詩》，立于禮，成于樂。』

子曰：『民可使由之，不可使知之。』

子曰：『好勇疾貧，亂也。人而不仁，疾之已甚，亂也。』

子曰：『如有周公之才之美，使驕且吝，其餘不足觀也已。』

子曰：『三年學，不至于穀，不易得也。』

子曰：『篤信好學，守死善道。危邦不入，亂邦不居。天下有道則見，無道則隱。邦有道，貧且賤焉，恥也；邦無道，富且貴焉，恥也。』

子曰：『不在其位，不謀其政。』

子曰：『師摯之始。《關雎》之亂，洋洋乎盈耳哉！』

子曰：『狂而不直，侗而不願，悾悾而不信，吾不知之矣。』

子曰：『學如不及，猶恐失之。』

子曰：『巍巍乎，舜、禹之有天下也，而不與焉。』子曰：『大哉！堯之爲君也！巍巍乎！唯天爲大，唯堯則之。蕩蕩乎！民無能名焉。巍巍乎！其有成功也，煥乎！其有文章。』

舜有臣五人而天下治。武王曰：『予有亂臣十人。』孔子曰：『才難，不其然乎？唐虞之際，于斯爲盛。有婦人焉，九人而已。三分天下有其二，以服事殷。周之德，其可謂至德也已矣。』

子曰：『禹，吾無間然矣。菲飲食，而致孝乎鬼神；惡衣服，而致美乎黻冕；卑宮室，而盡力乎溝洫。禹，吾無間然矣。』

子罕第九

子罕言利與命與仁。

達巷黨人曰：『大哉孔子！博學而無所成名。』子聞之，謂門弟子曰：『吾何執？執御乎？執射乎？吾執御矣。』

子曰：『麻冕，禮也；今也純，儉。吾從衆。拜下，禮也；今拜乎上，泰也。雖違衆，吾從下。』

子絕四：毋意，毋必，毋固，毋我。

子畏于匡，曰：『文王既沒，文不在兹乎？天之將喪斯文也，後死者不得與于斯文也；天之未喪斯文也，匡人其如予何？』

大宰問于子貢曰：『夫子聖者與？何其多能也？』子貢曰：『固天縱之將聖，又多能也。』子聞之，曰：『大宰知我乎！吾少也賤，故多能鄙事。君子多乎哉？不多也。』

牢曰：『子云：「吾不試，故藝。」』

子曰：『吾有知乎哉？無知也。有鄙夫問于我，空空如也，我叩其兩端而竭焉。』

子曰：『鳳鳥不至，河不出圖，吾已矣夫！』

子見齊衰者、冕衣裳者與瞽者，見之，雖少必作；過之，必趨。

顏淵喟然嘆曰：『仰之彌高，鑽之彌堅。瞻之在前，忽焉在後。夫子循循然善誘人，博我以文，約我以禮，欲罷不能。既竭吾才，如有所立卓爾。雖欲從之，末由也已。』

子疾病，子路使門人爲臣。病間，曰：『久矣哉，由之行詐也！無臣而爲有臣，吾誰欺？欺天乎！且予與其死于臣之手也，無寧死于二三子之手乎？且予縱不得大葬，予死于道路乎？』

子貢曰：『有美玉于斯，韞匵而藏諸？求善賈而沽諸？』子曰：『沽之哉！沽之哉！我待賈者也。』

子欲居九夷。或曰：『陋，如之何？』子曰：『君子居之，何陋之有？』

子曰：『吾自衛反魯，然後樂正，《雅》、《頌》各得其所。』

子曰：『出則事公卿，入則事父兄，喪事不敢不勉，不爲酒困，何有于我哉？』

子在川上，曰：『逝者如斯夫！不舍晝夜！』

子曰：『吾未見好德如好色者也。』

子曰：『譬如爲山，未成一簣，止，吾止也。譬如平地，雖覆一簣，進，吾往也。』

子曰：『語之而不惰者，其回也與！』

子謂顔淵。曰：『惜乎！吾見其進也，未見其止也。』

子曰：『苗而不秀者有矣夫！秀而不實者有矣夫！』

子曰：『後生可畏，焉知來者之不如今也？四十、五十而無聞焉，斯亦不足畏也已。』

子曰：『法語之言，能無從乎？改之爲貴。巽與之言，能無説乎？繹之爲貴。説而不繹，從而不改，吾末如之何也已矣。』

子曰：『主忠信，毋友不如己者，過則勿憚改。』

子曰：『三軍可奪帥也，匹夫不可奪志也。』

子曰：『衣敝緼袍，與衣狐貉者立，而不恥者，其由也與？「不忮不求，何用不臧？」』子路終身誦之。子曰：『是道也，何足以臧？』

子曰：『歲寒，然後知松柏之後凋也！』

子曰：『知者不惑，仁者不憂，勇者不懼。』

子曰：『可與共學，未可與適道；可與適道，未可與立；可與立，未可與權。』

『唐棣之華，偏其反而。豈不爾思？室是遠爾。』子曰：『未之思也，夫何遠之有？』

鄉黨第十

孔子于鄉黨，恂恂如也，似不能言者。其在宗廟、朝廷，便便言，唯謹爾。

朝，與下大夫言，侃侃如也；與上大夫言，誾誾如也。君在，踧踖如也，與與如也。

君召使擯，色勃如也，足躩如也。揖所與立，左右手，衣前後，襜如也。趨進，翼如也。賓退，必復命曰：『賓不顧矣。』

入公門，鞠躬如也，如不容。立不中門，行不履閾。過位，色勃如也，足躩如也，其言似不足者。攝齊升堂，鞠躬如也，屏氣似不息者。出，降一等，逞顏色，怡怡如也。沒階，趨進，翼如也。復其位，踧踖如也。

執圭，鞠躬如也，如不勝。上如揖，下如授。勃如戰色，足蹜蹜如有循。享禮，有容色。私覿，愉愉如也。

君子不以紺緅飾，紅紫不以爲褻服。當暑，袗絺綌，必表而出之。緇衣羔裘，素衣麑裘，黃衣狐裘。褻裘長，短右袂。必有寢衣，長一身有半。狐貉之厚以居。去喪，無所不佩。非帷裳，必殺之。羔裘玄冠不以吊。吉月，必朝服而朝。

齊，必有明衣，布。齊必變食，居必遷坐。

食不厭精，膾不厭細。食饐而餲，魚餒而肉敗，不食。色惡，不食。臭惡，不食。失飪，不食。不時，不食。割不正，不食。不得其醬，不食。肉雖多，不使勝食氣。唯酒無量，不及亂。沽酒市脯不食。不撤薑食，不多食。祭于公，不宿肉。祭肉不出三日。出三日，不食之矣。食不語，寢不言。雖疏食菜羹，瓜祭，必齊如也。

席不正，不坐。

鄉人飲酒，杖者出，斯出矣。鄉人儺，朝服而立于阼階。

問人于他邦，再拜而送之。康子饋藥，拜而受之。曰：『丘未達，不敢嘗。』

廄焚。子退朝，曰：『傷人乎？』不問馬。

君賜食，必正席先嘗之。君賜腥，必熟而薦之。君賜生，必畜之。侍食于君，君祭，

先飯。疾，君視之，東首，加朝服，拖紳。君命召，不俟駕行矣。

入太廟，每事問。

朋友死，無所歸，曰：『于我殯。』

朋友之饋，雖車馬，非祭肉，不拜。

寢不尸，居不容。

見齊衰者，雖狎，必變。見冕者與瞽者，雖褻，必以貌。凶服者式之。式負版者。有盛饌，必變色而作。迅雷風烈，必變。

升車，必正立，執綏。車中，不内顧，不疾言，不親指。

色斯舉矣，翔而後集。曰：『山梁雌雉，時哉時哉！』子路共之，三嗅而作。

先進第十一

子曰：『先進于禮樂，野人也；後進于禮樂，君子也。如用之，則吾從先進。』

子曰：『從我于陳、蔡者，皆不及門也。』

德行：顏淵、閔子騫、冉伯牛、仲弓。言語：宰我、子貢。政事：冉有、季路。文學：子游、子夏。

子曰：『回也非助我者也，于吾言無所不說。』

子曰：『孝哉閔子騫！人不間于其父母昆弟之言。』

南容三復白圭，孔子以其兄之子妻之。

季康子問：『弟子孰爲好學？』孔子對曰：『有顏回者好學，不幸短命死矣，今也則亡。』

顏淵死，顏路請子之車以爲之椁。子曰：『才不才，亦各言其子也。鯉也死，有棺而無椁。吾不徒行以爲之椁，以吾從大夫之後，不可徒行也。』

顏淵死。子曰：『噫！天喪予！天喪予！』

顏淵死，子哭之慟。從者曰：『子慟矣！』曰：『有慟乎？非夫人之爲慟而誰爲？』

顏淵死，門人欲厚葬之，子曰：『不可。』門人厚葬之。子曰：『回也視予猶父也，予不得視猶子也。非我也，夫二三子也。』

季路問事鬼神。子曰：『未能事人，焉能事鬼？』曰：『敢問死。』曰：『未知生，焉知死？』

閔子侍側，誾誾如也；子路，行行如也；冉有、子貢，侃侃如也。子樂。『若由也，不得其死然。』

魯人爲長府。閔子騫曰：『仍舊貫，如之何？何必改作？』子曰：『夫人不言，言必有中。』

子曰：『由之瑟，奚爲于丘之門？』門人不敬子路。子曰：『由也升堂矣，未入于室

也。」

子貢問：『師與商也孰賢？』子曰：『師也過，商也不及。』曰：『然則師愈與？』

子曰：『過猶不及。』

季氏富于周公，而求也爲之聚斂而附益之。子曰：『非吾徒也。小子鳴鼓而攻之，可也。』

柴也愚，參也魯，師也辟，由也喭。

子曰：『回也其庶乎，屢空。賜不受命，而貨殖焉，億則屢中。』

子張問善人之道。子曰：『不踐迹，亦不入于室。』

子曰：『論篤是與，君子者乎？色莊者乎？』

子路問：『聞斯行諸？』子曰：『有父兄在，如之何其聞斯行之？』冉有問：『聞斯行諸？』子曰：『聞斯行之。』公西華曰：『由也問：「聞斯行諸？」子曰：「有父兄在。」求也問：「聞斯行諸？」子曰：「聞斯行之。」赤也惑，敢問。』子曰：『求也退，故進之；由也兼人，故退之。』

子畏于匡，顔淵後。子曰：『吾以女爲死矣。』曰：『子在，回何敢死？』

季子然問：『仲由、冉求可謂大臣與？』子曰：『吾以子爲异之問，曾由與求之問。所謂大臣者，以道事君，不可則止。今由與求也，可謂具臣矣。』曰：『然則從之者與？』子曰：『弑父與君，亦不從也。』

子路使子羔爲費宰。子曰：『賊夫人之子。』子路曰：『有民人焉，有社稷焉，何必讀書，然後爲學？』子曰：『是故惡夫佞者。』

子路、曾皙、冉有、公西華侍坐。子曰：『以吾一日長乎爾，毋吾以也。居則曰：「不吾知也！」如或知爾，則何以哉？』子路率爾而對曰：『千乘之國，攝乎大國之間，加之以師旅，因之以饑饉，由也爲之，比及三年，可使有勇，且知方也。』夫子哂之。『求！爾何如？』對曰：『方六七十，如五六十，求也爲之，比及三年，可使足民。如其禮樂，以俟君子。』『赤！爾何如？』對曰：『非曰能之，願學焉。宗廟之事，如會同，端章甫，願爲小

相焉。』『點！爾何如？』鼓瑟希，鏗爾，舍瑟而作，對曰：『异乎三子者之撰。』子曰：『何傷乎？亦各言其志也。』曰：『莫春者，春服既成，冠者五六人，童子六七人，浴乎沂，風乎舞雩，咏而歸。』夫子喟然嘆曰：『吾與點也！』三子者出，曾皙後。曾皙曰：『夫三子者之言何如？』子曰：『亦各言其志也已矣。』曰：『夫子何哂由也？』曰：『爲國以禮，其言不讓，是故哂之。』『唯求則非邦也與？』『安見方六七十如五六十而非邦也者？』『唯赤則非邦也與？』『宗廟會同，非諸侯而何？赤也爲之小，孰能爲之大？』

顏淵第十二

顏淵問仁。子曰：『克己復禮爲仁。一日克己復禮，天下歸仁焉。爲仁由己，而由人乎哉？』顏淵曰：『請問其目。』子曰：『非禮勿視，非禮勿聽，非禮勿言，非禮勿動。』顏淵曰：『回雖不敏，請事斯語矣。』

仲弓問仁。子曰：『出門如見大賓，使民如承大祭。己所不欲，勿施于人。在邦無怨，在家無怨。』仲弓曰：『雍雖不敏，請事斯語矣。』

司馬牛問仁。子曰：『仁者，其言也訒。』曰：『其言也訒，斯謂之仁已乎？』子曰：『爲之難，言之得無訒乎？』

司馬牛問君子。子曰：『君子不憂不懼。』曰：『不憂不懼，斯謂之君子已乎？』子曰：『内省不疚，夫何憂何懼？』

司馬牛憂曰：『人皆有兄弟，我獨亡。』子夏曰：『商聞之矣：死生有命，富貴在天。君子敬而無失，與人恭而有禮，四海之内皆兄弟也，君子何患乎無兄弟也？』

子張問明。子曰：『浸潤之譖，膚受之愬，不行焉，可謂明也已矣。浸潤之譖，膚受之愬，不行焉，可謂遠也已矣。』

子貢問政。子曰：『足食，足兵，民信之矣。』子貢曰：『必不得已而去，于斯三者何先？』曰：『去兵。』子貢曰：『必不得已而去，于斯二者何先？』曰：『去食。自古皆有死，民無信不立。』

棘子成曰：『君子質而已矣，何以文爲？』子貢曰：『惜乎，夫子之説君子也，駟不及舌。文猶質也，質猶文也。虎豹之鞟猶犬羊之鞟。』

哀公問于有若曰：『年饑，用不足，如之何？』有若對曰：『盍徹乎？』曰：『二，吾猶不足，如之何其徹也？』對曰：『百姓足，君孰與不足？百姓不足，君孰與足？』

子張問崇德、辨惑。子曰：『主忠信，徙義，崇德也。愛之欲其生，惡之欲其死。既欲其生，又欲其死，是惑也。「誠不以富，亦祇以异。」』

齊景公問政于孔子。孔子對曰：『君君，臣臣，父父，子子。』公曰：『善哉！信如君不君，臣不臣，父不父，子不子，雖有粟，吾得而食諸？』

子曰：『片言可以折獄者，其由也與？』子路無宿諾。

子曰：『聽訟，吾猶人也。必也使無訟乎。』

子張問政。子曰：『居之無倦，行之以忠。』

子曰：『博學于文，約之以禮，亦可以弗畔矣夫！』

子曰：『君子成人之美，不成人之惡。小人反是。』

季康子問政于孔子。孔子對曰：『政者，正也。子帥以正，孰敢不正？』

季康子患盜，問于孔子。孔子對曰：『苟子之不欲，雖賞之不竊。』

季康子問政于孔子曰：『如殺無道，以就有道，何如？』孔子對曰：『子爲政，焉用殺？子欲善而民善矣。君子之德風，小人之德草。草上之風，必偃。』

子張問：『士何如斯可謂之達矣？』子曰：『何哉，爾所謂達者？』子張對曰：『在邦必聞，在家必聞。』子曰：『是聞也，非達也。夫達也者，質直而好義，察言而觀色，慮以下人。在邦必達，在家必達。夫聞也者，色取仁而行違，居之不疑。在邦必聞，在家必聞。』

樊遲從遊于舞雩之下，曰：『敢問崇德、修慝、辨惑。』子曰：『善哉問！先事後得，非崇德與？攻其惡，勿攻人之惡，非修慝與？一朝之忿，忘其身以及其親，非惑與？』

樊遲問仁。子曰：『愛人。』問知。子曰：『知人。』樊遲未達。子曰：『舉直錯諸枉，能使枉者直。』樊遲退，見子夏曰：『鄉也吾見于夫子而問知，子曰：「舉直錯諸枉，能使枉者直。」何謂也？』子夏曰：『富哉言乎！舜有天下，選于衆，舉皋陶，不仁者遠矣。湯有天下，選于衆，舉伊尹，不仁者遠矣。』

子貢問友。子曰：『忠告而善道之，不可則止，毋自辱焉。』

曾子曰：『君子以文會友，以友輔仁。』

子路第十三

子路問政。子曰：『先之，勞之。』請益。曰：『無倦。』

仲弓爲季氏宰，問政。子曰：『先有司，赦小過，舉賢才。』曰：『焉知賢才而舉之？』曰：『舉爾所知。爾所不知，人其舍諸？』

子路曰：『衛君待子而爲政，子將奚先？』子曰：『必也正名乎！』子路曰：『有是哉，子之迂也！奚其正？』子曰：『野哉，由也！君子于其所不知，蓋闕如也。名不正，則言不順；言不順，則事不成；事不成，則禮樂不興；禮樂不興，則刑罰不中；刑罰不中，則民無所錯手足。故君子名之必可言也，言之必可行也。君子于其言，無所苟而已矣。』

樊遲請學稼。子曰：『吾不如老農。』請學爲圃。曰：『吾不如老圃。』樊遲出。子曰：『小人哉，樊須也！上好禮，則民莫敢不敬；上好義，則民莫敢不服；上好信，則民莫敢不用情。夫如是，則四方之民襁負其子而至矣，焉用稼？』

子曰：『誦《詩》三百，授之以政，不達；使于四方，不能專對；雖多，亦奚以爲？』

子曰：『其身正，不令而行；其身不正，雖令不從。』

子曰：『魯、衛之政，兄弟也。』

子謂衛公子荆，『善居室。始有，曰：「苟合矣。」少有，曰：「苟完矣。」富有，曰：「苟美矣。」』

子適衛，冉有僕。子曰：『庶矣哉！』冉有曰：『既庶矣，又何加焉？』曰：『富之。』曰：『既富矣，又何加焉？』曰：『教之。』

子曰：『苟有用我者，期月而已可也，三年有成。』

子曰：『「善人爲邦百年，亦可以勝殘去殺矣。」誠哉是言也！』

子曰：『如有王者，必世而後仁。』

子曰：『苟正其身矣，于從政乎何有？不能正其身，如正人何？』

冉子退朝。子曰：『何晏也？』對曰：『有政。』子曰：『其事也。如有政，雖不吾以，吾其與聞之。』

定公問：『一言而可以興邦，有諸？』孔子對曰：『言不可以若是其幾也。人之言曰：「爲君難，爲臣不易。」如知爲君之難也，不幾乎一言而興邦乎？』曰：『一言而喪邦，有諸？』孔子對曰：『言不可以若是其幾也。人之言曰：「予無樂乎爲君，唯其言而莫予違也。」如其善而莫之違也，不亦善乎？如不善而莫之違也，不幾乎一言而喪邦乎？』

葉公問政。子曰：『近者說，遠者來。』

子夏爲莒父宰，問政。子曰：『無欲速，無見小利。欲速，則不達；見小利，則大事不成。』

葉公語孔子曰：『吾黨有直躬者，其父攘羊，而子證之。』孔子曰：『吾黨之直者异于是。父爲子隱，子爲父隱，直在其中矣。』

樊遲問仁。子曰：『居處恭，執事敬，與人忠。雖之夷狄，不可弃也。』

子貢問曰：『何如斯可謂之士矣？』子曰：『行己有耻，使于四方，不辱君命，可謂士矣。』曰：『敢問其次。』曰：『宗族稱孝焉，鄉黨稱弟焉。』曰：『敢問其次。』曰：『言必信，行必果，硜硜然，小人哉！抑亦可以爲次矣。』曰：『今之從政者何如？』子曰：『噫！斗筲之人，何足算也！』

子曰：『不得中行而與之，必也狂狷乎！狂者進取，狷者有所不爲也。』

子曰：『南人有言曰：「人而無恒，不可以作巫醫。」善夫！』『不恒其德，或承之羞。』子曰：『不占而已矣。』

子曰：『君子和而不同，小人同而不和。』

子貢問曰：『鄉人皆好之，何如？』子曰：『未可也。』『鄉人皆惡之，何如？』子曰：『未可也。不如鄉人之善者好之，其不善者惡之。』

子曰：『君子易事而難說也。說之不以道，不說也；及其使人也，器之。小人難事而易說也。說之雖不以道，說也；及其使人也，求備焉。』

子曰：『君子泰而不驕，小人驕而不泰。』

子曰：『剛、毅、木、訥，近仁。』

子路問曰：『何如斯可謂之士矣？』子曰：『切切偲偲，怡怡如也，可謂士矣。朋友切切偲偲，兄弟怡怡。』

子曰：『善人教民七年，亦可以即戎矣。』

子曰：『以不教民戰，是謂弃之。』

子曰：「君子泰而不驕，小人驕而不泰。」

子曰：「剛、毅、木、訥，近仁。」

子路問曰：「何如斯可謂之士矣？」子曰：「切切偲偲，怡怡如也，可謂士矣。朋友切切偲偲，兄弟怡怡。」

子曰：「善人教民七年，亦可以即戎矣。」

子曰：「以不教民戰，是謂棄之。」

憲問第十四

憲問恥。子曰：『邦有道，穀；邦無道，穀，恥也。』『克、伐、怨、欲不行焉，可以爲仁矣？』子曰：『可以爲難矣，仁則吾不知也。』

子曰：『士而懷居，不足以爲士矣。』

子曰：『邦有道，危言危行；邦無道，危行言孫。』

子曰：『有德者必有言，有言者不必有德。仁者必有勇，勇者不必有仁。』

南宫适問于孔子曰：『羿善射，奡盪舟，俱不得其死然。禹、稷躬稼而有天下。』夫子不答。南宫适出，子曰：『君子哉若人！尚德哉若人！』

子曰：『君子而不仁者有矣夫，未有小人而仁者也。』

子曰：『愛之，能勿勞乎？忠焉，能勿誨乎？』

子曰：『爲命，裨諶草創之，世叔討論之，行人子羽修飾之，東里子産潤色之。』

或問子産。子曰：『惠人也。』問子西。曰：『彼哉！彼哉！』問管仲。曰：『人也。奪伯氏駢邑三百，飯疏食，没齒無怨言。』

子曰：『貧而無怨難，富而無驕易。』

子曰：『孟公綽爲趙、魏老則優，不可以爲滕、薛大夫。』

子路問成人。子曰：『若臧武仲之知，公綽之不欲，卞莊子之勇，冉求之藝，文之以禮樂，亦可以爲成人矣。』曰：『今之成人者何必然？見利思義，見危授命，久要不忘平生之言，亦可以爲成人矣。』

子問公叔文子于公明賈曰：『信乎，夫子不言，不笑，不取乎？』公明賈對曰：『以告者過也。夫子時然後言，人不厭其言；樂然後笑，人不厭其笑；義然後取，人不厭其取。』子曰：『其然？豈其然乎？』

子曰：『臧武仲以防求爲後于魯，雖曰不要君，吾不信也。』

子曰：『晋文公譎而不正，齊桓公正而不譎。』

子路曰：『桓公殺公子糾，召忽死之，管仲不死。』曰：『未仁乎？』子曰：『桓公九合諸侯，不以兵車，管仲之力也。如其仁！如其仁！』

子貢曰：『管仲非仁者與？桓公殺公子糾，不能死，又相之。』子曰：『管仲相桓公，霸諸侯，一匡天下，民到于今受其賜。微管仲，吾其被髮左衽矣。豈若匹夫匹婦之爲諒也，自經于溝瀆而莫之知也。』

公叔文子之臣大夫僎，與文子同升諸公。子聞之，曰：『可以爲「文」矣。』

子言衛靈公之無道也，康子曰：『夫如是，奚而不喪？』孔子曰：『仲叔圉治賓客，祝鮀治宗廟，王孫賈治軍旅。夫如是，奚其喪？』

子曰：『其言之不怍，則爲之也難。』

陳成子弒簡公。孔子沐浴而朝，告于哀公曰：『陳恒弒其君，請討之。』公曰：『告夫三子！』孔子曰：『以吾從大夫之後，不敢不告也。君曰：「告夫三子」者！』之三子告，不可。孔子曰：『以吾從大夫之後，不敢不告也。』

子路問事君。子曰：『勿欺也，而犯之。』

子曰：『君子上達，小人下達。』

子曰：『古之學者爲己，今之學者爲人。』

蘧伯玉使人于孔子。孔子與之坐而問焉，曰：『夫子何爲？』對曰：『夫子欲寡其過而未能也。』使者出，子曰：『使乎！使乎！』

子曰：『不在其位，不謀其政。』曾子曰：『君子思不出其位。』

子曰：『君子恥其言而過其行。』

子曰：『君子道者三，我無能焉：仁者不憂，知者不惑，勇者不懼。』子貢曰：『夫子自道也。』

子貢方人。子曰：『賜也賢乎哉？夫我則不暇。』

子曰：『不患人之不己知，患其不能也。』

子曰：『不逆詐，不億不信，抑亦先覺者，是賢乎！』

微生畝謂孔子曰：『丘何爲是栖栖者與？無乃爲佞乎？』孔子曰：『非敢爲佞也，疾固也。』

子曰：『驥不稱其力，稱其德也。』

或曰：『以德報怨，何如？』子曰：『何以報德？以直報怨，以德報德。』

子曰：『莫我知也夫！』子貢曰：『何爲其莫知子也？』子曰：『不怨天，不尤人，下學而上達。知我者其天乎！』

公伯寮愬子路于季孫。子服景伯以告，曰：『夫子固有惑志于公伯寮，吾力猶能肆諸市朝。』子曰：『道之將行也與，命也；道之將廢也與，命也。公伯寮其如命何！』

子曰：『賢者辟世，其次辟地，其次辟色，其次辟言。』子曰：『作者七人矣。』

子路宿于石門。晨門曰：『奚自？』子路曰：『自孔氏。』曰：『是知其不可而爲之者與？』

子擊磬于衛，有荷蕢而過孔氏之門者，曰：『有心哉，擊磬乎！』既而曰：『鄙哉，硜硜乎！莫己知也，斯己而已矣。深則厲，淺則揭。』子曰：『果哉！末之難矣。』

子張曰：『《書》云：「高宗諒陰，三年不言。」何謂也？』子曰：『何必高宗，古之人皆然。君薨，百官總己以聽于冢宰三年。』

子曰：『上好禮，則民易使也。』

子路問君子。子曰：『修己以敬。』曰：『如斯而已乎？』曰：『修己以安人。』曰：『如斯而已乎？』曰：『修己以安百姓。修己以安百姓，堯、舜其猶病諸。』

原壤夷俟。子曰：『幼而不孫弟，長而無述焉，老而不死，是爲賊。』以杖叩其脛。

闕黨童子將命。或問之曰：『益者與？』子曰：『吾見其居于位也，見其與先生并行也，非求益者也，欲速成者也。』

衛靈公第十五

衛靈公問陳于孔子。孔子對曰：『俎豆之事，則嘗聞之矣；軍旅之事，未之學也。』明日遂行。

在陳絶糧，從者病，莫能興。子路愠見曰：『君子亦有窮乎？』子曰：『君子固窮，小人窮斯濫矣。』

子曰：『賜也，女以予爲多學而識之者與？』對曰：『然，非與？』曰：『非也，予一以貫之。』

子曰：『由！知德者鮮矣。』

子曰：『無爲而治者，其舜也與？夫何爲哉？恭己正南面而已矣。』

子張問行。子曰：『言忠信，行篤敬，雖蠻貊之邦行矣。言不忠信，行不篤敬，雖州里行乎哉？立，則見其參于前也；在輿，則見其倚于衡也，夫然後行。』子張書諸紳。

子曰：『直哉史魚！邦有道，如矢；邦無道，如矢。君子哉蘧伯玉！邦有道，則仕；邦無道，則可卷而懷之。』

子曰：『可與言而不與之言，失人；不可與言而與之言，失言。知者不失人，亦不失言。』

子曰：『志士仁人，無求生以害仁，有殺身以成仁。』

子貢問爲仁。子曰：『工欲善其事，必先利其器。居是邦也，事其大夫之賢者，友其士之仁者。』

顔淵問爲邦。子曰：『行夏之時，乘殷之輅，服周之冕，樂則《韶》、《舞》。放鄭聲，遠佞人。鄭聲淫，佞人殆。』

子曰：『人無遠慮，必有近憂。』

子曰：『已矣乎！吾未見好德如好色者也。』

子曰：『臧文仲其竊位者與！知柳下惠之賢，而不與立也。』

子曰：『躬自厚而薄責于人，則遠怨矣。』

子曰：『不曰「如之何，如之何」者，吾末如之何也已矣！』

子曰：『群居終日，言不及義，好行小慧，難矣哉！』

子曰：『君子義以爲質，禮以行之，孫以出之，信以成之。君子哉！』

子曰：『君子病無能焉，不病人之不己知也。』

子曰：『君子疾没世而名不稱焉。』

子曰：『君子求諸己，小人求諸人。』

子曰：『君子矜而不争，群而不黨。』

子曰：『君子不以言舉人，不以人廢言。』

子貢問曰：『有一言而可以終身行之者乎？』子曰：『其恕乎！己所不欲，勿施于人。』

子曰：『吾之于人也，誰毁誰譽？如有所譽者，其有所試矣。斯民也，三代之所以直道而行也。』

子曰：『吾猶及史之闕文也。有馬者借人乘之，今亡矣夫！』

子曰：『巧言亂德。小不忍，則亂大謀。』

子曰：『衆惡之，必察焉；衆好之，必察焉。』

子曰：『人能弘道，非道弘人。』

子曰：『過而不改，是謂過矣。』

子曰：『吾嘗終日不食，終夜不寢，以思，無益，不如學也。』

子曰：『君子謀道不謀食。耕也，餒在其中矣；學也，禄在其中矣。君子憂道不憂貧。』

子曰：『知及之，仁不能守之，雖得之，必失之。知及之，仁能守之，不莊以涖之，則民不敬。知及之，仁能守之，莊以涖之，動之不以禮，未善也。』

子曰：『君子不可小知而可大受也；小人不可大受而可小知也。』

子曰：「民之于仁也，甚于水火。水火，吾見蹈而死者矣，未見蹈仁而死者也。」

子曰：「當仁，不讓于師。」

子曰：「君子貞而不諒。」

子曰：「事君，敬其事而後其食。」

子曰：「有教無類。」

子曰：「道不同，不相爲謀。」

子曰：「辭達而已矣。」

師冕見，及階，子曰：「階也。」及席，子曰：「席也。」皆坐，子告之曰：「某在斯，某在斯。」師冕出。子張問曰：「與師言之道與？」子曰：「然。固相師之道也。」

季氏第十六

季氏將伐顓臾。冉有、季路見于孔子，曰：『季氏將有事于顓臾。』孔子曰：『求！無乃爾是過與？夫顓臾，昔者先王以爲東蒙主，且在邦域之中矣，是社稷之臣也。何以伐爲？』冉有曰：『夫子欲之，吾二臣者皆不欲也。』孔子曰：『求！周任有言曰：「陳力就列，不能者止。」危而不持，顛而不扶，則將焉用彼相矣？且爾言過矣，虎兕出于柙，龜玉毁于櫝中，是誰之過與？』冉有曰：『今夫顓臾，固而近于費。今不取，後世必爲子孫憂。』孔子曰：『求！君子疾夫舍曰欲之而必爲之辭。丘也聞有國有家者，不患寡而患不均，不患貧而患不安。蓋均無貧，和無寡，安無傾。夫如是，故遠人不服，則修文德以來之。既來之，則安之。今由與求也，相夫子，遠人不服而不能來也，邦分崩離析而不能守也，而謀動干戈于邦内。吾恐季孫之憂，不在顓臾，而在蕭墻之内也。』

孔子曰：『天下有道，則禮樂征伐自天子出；天下無道，則禮樂征伐自諸侯出。自諸侯出，蓋十世希不失矣；自大夫出，五世希不失矣；陪臣執國命，三世希不失矣。天下有道，則政不在大夫。天下有道，則庶人不議。』

孔子曰：『禄之去公室五世矣，政逮于大夫四世矣，故夫三桓之子孫微矣。』

孔子曰：『益者三友，損者三友。友直，友諒，友多聞，益矣。友便辟，友善柔，友便佞，損矣。』

孔子曰：『益者三樂，損者三樂。樂節禮樂，樂道人之善，樂多賢友，益矣。樂驕樂，樂佚遊，樂宴樂，損矣。』

孔子曰：『侍于君子有三愆：言未及之而言謂之躁，言及之而不言謂之隱，未見顔色而言謂之瞽。』

孔子曰：『君子有三戒：少之時，血氣未定，戒之在色；及其壯也，血氣方剛，戒之在鬬；及其老也，血氣既衰，戒之在得。』

孔子曰：『君子有三畏：畏天命，畏大人，畏聖人之言。小人不知天命而不畏也，狎

大人，侮聖人之言。」

孔子曰：「生而知之者，上也；學而知之者，次也；困而學之，又其次也；困而不學，民斯爲下矣。」

孔子曰：「君子有九思：視思明，聽思聰，色思温，貌思恭，言思忠，事思敬，疑思問，忿思難，見得思義。」

孔子曰：「見善如不及，見不善如探湯。吾見其人矣，吾聞其語矣。隱居以求其志，行義以達其道。吾聞其語矣，未見其人也。」

齊景公有馬千駟，死之日，民無德而稱焉。伯夷、叔齊餓于首陽之下，民到于今稱之。其斯之謂與？

陳亢問于伯魚曰：「子亦有异聞乎？」對曰：「未也。嘗獨立，鯉趨而過庭。曰：『學詩乎？』對曰：『未也。』『不學詩，無以言。』鯉退而學詩。他日又獨立，鯉趨而過庭。曰：『學禮乎？』對曰：『未也。』『不學禮，無以立。』鯉退而學禮。聞斯二者。」陳亢退而喜曰：「問一得三，聞詩，聞禮，又聞君子之遠其子也。」

邦君之妻，君稱之曰夫人，夫人自稱曰小童；邦人稱之曰君夫人，稱諸异邦曰寡小君；异邦人稱之亦曰君夫人。

陽貨第十七

陽貨欲見孔子，孔子不見，歸孔子豚。孔子時其亡也，而往拜之。遇諸塗。謂孔子曰：『來！予與爾言。』曰：『懷其寶而迷其邦，可謂仁乎？』曰：『不可！』『好從事而亟失時，可謂知乎？』曰：『不可。』『日月逝矣，歲不我與。』孔子曰：『諾。吾將仕矣。』

子曰：『性相近也，習相遠也。』

子曰：『唯上知與下愚不移。』

子之武城，聞弦歌之聲。夫子莞爾而笑，曰：『割鷄焉用牛刀？』子游對曰：『昔者偃也聞諸夫子曰：「君子學道則愛人，小人學道則易使也。」』子曰：『二三子！偃之言是也。前言戲之耳。』

公山弗擾以費畔，召，子欲往。子路不說，曰：『末之也，已，何必公山氏之之也？』子曰：『夫召我者，而豈徒哉？如有用我者，吾其爲東周乎？』

子張問仁于孔子。孔子曰：『能行五者于天下爲仁矣。』請問之。曰：『恭、寬、信、敏、惠。恭則不侮，寬則得衆，信則人任焉，敏則有功，惠則足以使人。』

佛肸召，子欲往。子路曰：『昔者由也聞諸夫子曰：「親于其身爲不善者，君子不入也。」佛肸以中牟畔，子之往也，如之何？』子曰：『然。有是言也。不曰堅乎，磨而不磷；不曰白乎，涅而不緇。吾豈匏瓜也哉？焉能繫而不食？』

子曰：『由也，女聞六言六蔽矣乎？』對曰：『未也。』『居！吾語女。好仁不好學，其蔽也愚；好知不好學，其蔽也蕩；好信不好學，其蔽也賊；好直不好學，其蔽也絞；好勇不好學，其蔽也亂；好剛不好學，其蔽也狂。』

子曰：『小子何莫學夫詩？詩，可以興，可以觀，可以群，可以怨。邇之事父，遠之事君。多識于鳥獸草木之名。』

子謂伯魚曰：『女爲《周南》、《召南》矣乎？人而不爲《周南》、《召南》，其猶正墻面而立也與？』

子曰：『禮云禮云，玉帛云乎哉？樂云樂云，鐘鼓云乎哉？』

子曰：『色厲而内荏，譬諸小人，其猶穿窬之盜也與？』

子曰：『鄉原，德之賊也。』

子曰：『道聽而塗説，德之弃也。』

子曰：『鄙夫可與事君也與哉？其未得之也，患得之；既得之，患失之；苟患失之，無所不至矣。』

子曰：『古者民有三疾，今也或是之亡也。古之狂也肆，今之狂也蕩；古之矜也廉，今之矜也忿戾；古之愚也直，今之愚也詐而已矣。』

子曰：『巧言令色，鮮矣仁。』

子曰：『惡紫之奪朱也，惡鄭聲之亂雅樂也，惡利口之覆邦家者。』

子曰：『予欲無言。』子貢曰：『子如不言，則小子何述焉？』子曰：『天何言哉？四時行焉，百物生焉，天何言哉？』

孺悲欲見孔子，孔子辭以疾。將命者出戶，取瑟而歌，使之聞之。

宰我問：『三年之喪，期已久矣。君子三年不爲禮，禮必壞；三年不爲樂，樂必崩。舊穀既没，新穀既升，鑽燧改火，期可已矣。』子曰：『食夫稻，衣夫錦，于女安乎？』曰：『安。』『女安則爲之！夫君子之居喪，食旨不甘，聞樂不樂，居處不安，故不爲也。今女安，則爲之。』宰我出。子曰：『予之不仁也！子生三年，然後免于父母之懷。夫三年之喪，天下之通喪也。予也有三年之愛于其父母乎？』

子曰：『飽食終日，無所用心，難矣哉！不有博弈者乎？爲之，猶賢乎已。』

子路曰：『君子尚勇乎？』子曰：『君子義以爲上。君子有勇而無義爲亂，小人有勇而無義爲盜。』

子貢曰：『君子亦有惡乎？』子曰：『有惡：惡稱人之惡者，惡居下流而訕上者，惡勇而無禮者，惡果敢而窒者。』曰：『賜也亦有惡乎？』『惡徼以爲知者，惡不孫以爲勇者，惡訐以爲直者。』

子曰：『唯女子與小人爲難養也，近之則不孫，遠之則怨。』

子曰：『年四十而見惡焉，其終也已。』

微子第十八

微子去之，箕子爲之奴，比干諫而死。孔子曰：『殷有三仁焉。』

柳下惠爲士師，三黜。人曰：『子未可以去乎？』曰：『直道而事人，焉往而不三黜？枉道而事人，何必去父母之邦？』

齊景公待孔子曰：『若季氏，則吾不能；以季、孟之間待之。』曰：『吾老矣，不能用也。』孔子行。

齊人歸女樂，季桓子受之，三日不朝，孔子行。

楚狂接輿歌而過孔子，曰：『鳳兮！鳳兮！何德之衰？往者不可諫，來者猶可追。已而，已而！今之從政者殆而！』孔子下，欲與之言。趨而辟之，不得與之言。

長沮、桀溺耦而耕，孔子過之，使子路問津焉。長沮曰：『夫執輿者爲誰？』子路曰：『爲孔丘。』曰：『是魯孔丘與？』曰：『是也。』曰：『是知津矣。』問于桀溺。桀溺曰：『子爲誰？』曰：『爲仲由。』曰：『是魯孔丘之徒與？』對曰：『然。』曰：『滔滔者天下皆是也，而誰以易之？且而與其從辟人之士也，豈若從辟世之士哉？』耰而不輟。子路行以告。夫子憮然曰：『鳥獸不可與同群，吾非斯人之徒與而誰與？天下有道，丘不與易也。』

子路從而後，遇丈人，以杖荷蓧。子路問曰：『子見夫子乎？』丈人曰：『四體不勤，五穀不分，孰爲夫子？』植其杖而芸。子路拱而立。止子路宿，殺鷄爲黍而食之，見其二子焉。明日，子路行以告。子曰：『隱者也。』使子路反見之。至，則行矣。子路曰：『不仕無義。長幼之節，不可廢也；君臣之義，如之何其廢之？欲潔其身，而亂大倫。君子之仕也，行其義也。道之不行，已知之矣。』

逸民：伯夷、叔齊、虞仲、夷逸、朱張、柳下惠、少連。子曰：『不降其志，不辱其身，伯夷、叔齊與！』謂：『柳下惠、少連，降志辱身矣。言中倫，行中慮，其斯而已矣。』謂：『虞仲、夷逸，隱居放言，身中清，廢中權。我則异于是，無可無不可。』

大師摯適齊，亞飯干適楚，三飯繚適蔡，四飯缺適秦，鼓方叔入于河，播鼗武入于漢，少師陽、擊磬襄入于海。

周公謂魯公曰：『君子不施其親，不使大臣怨乎不以。故舊無大過，則不弃也。無求備于一人！』

周有八士：伯達、伯適、仲突、仲忽、叔夜、叔夏、季隨、季騧。

子張第十九

子張曰：『士見危致命，見得思義，祭思敬，喪思哀，其可已矣。』

子張曰：『執德不弘，信道不篤，焉能爲有？焉能爲亡？』

子夏之門人問交于子張。子張曰：『子夏云何？』對曰：『子夏曰：「可者與之，其不可者拒之。」』子張曰：『异乎吾所聞：君子尊賢而容衆，嘉善而矜不能。我之大賢與，于人何所不容？我之不賢與，人將拒我，如之何其拒人也？』

子夏曰：『雖小道，必有可觀者焉；致遠恐泥，是以君子不爲也！』

子夏曰：『日知其所亡，月無忘其所能，可謂好學也已矣。』

子夏曰：『博學而篤志，切問而近思，仁在其中矣。』

子夏曰：『百工居肆以成其事，君子學以致其道。』

子夏曰：『小人之過也必文。』

子夏曰：『君子有三變：望之儼然，即之也温，聽其言也厲。』

子夏曰：『君子信而後勞其民，未信，則以爲厲己也；信而後諫，未信，則以爲謗己也。』

子夏曰：『大德不逾閑，小德出入可也。』

子游曰：『子夏之門人小子，當洒掃、應對、進退，則可矣，抑末也。本之則無如之何？』子夏聞之，曰：『噫！言游過矣！君子之道，孰先傳焉？孰後倦焉？譬諸草木，區以別矣。君子之道，焉可誣也？有始有卒者，其惟聖人乎！』

子夏曰：『仕而優則學，學而優則仕。』

子游曰：『喪致乎哀而止。』

子游曰：『吾友張也，爲難能也，然而未仁。』

曾子曰：『堂堂乎張也，難與并爲仁矣。』

曾子曰：『吾聞諸夫子：人未有自致者也，必也親喪乎！』

曾子曰：『吾聞諸夫子：孟莊子之孝也，其他可能也；其不改父之臣，與父之政，是難能也。』

孟氏使陽膚爲士師，問于曾子。曾子曰：『上失其道，民散久矣。如得其情，則哀矜而勿喜。』

子貢曰：『紂之不善，不如是之甚也。是以君子惡居下流，天下之惡皆歸焉。』

子貢曰：『君子之過也，如日月之食焉：過也，人皆見之；更也，人皆仰之。』

衛公孫朝問于子貢曰：『仲尼焉學？』子貢曰：『文、武之道，未墜于地，在人。賢者識其大者，不賢者識其小者，莫不有文、武之道焉。夫子焉不學？而亦何常師之有？』

叔孫武叔語大夫于朝，曰：『子貢賢于仲尼。』子服景伯以告子貢。子貢曰：『譬之宮墻，賜之墻也及肩，窺見室家之好。夫子之墻數仞，不得其門而入，不見宗廟之美，百官之富。得其門者或寡矣。夫子之云，不亦宜乎！』

叔孫武叔毁仲尼。子貢曰：『無以爲也！仲尼不可毁也。他人之賢者，丘陵也，猶可逾也；仲尼，日月也，無得而逾焉。人雖欲自絶，其何傷于日月乎？多見其不知量也。』

陳子禽謂子貢曰：『子爲恭也，仲尼豈賢于子乎？』子貢曰：『君子一言以爲知，一言以爲不知，言不可不慎也！夫子之不可及也，猶天之不可階而升也。夫子之得邦家者，所謂立之斯立，道之斯行，綏之斯來，動之斯和。其生也榮，其死也哀，如之何其可及也？』

堯曰第二十

堯曰：『咨！爾舜！天之曆數在爾躬，允執其中。四海困窮，天祿永終。』舜亦以命禹。曰：『予小子履，敢用玄牡，敢昭告于皇皇后帝：有罪不敢赦。帝臣不蔽，簡在帝心。朕躬有罪，無以萬方；萬方有罪，罪在朕躬。』周有大賚，善人是富。『雖有周親，不如仁人。百姓有過，在予一人。』謹權量，審法度，修廢官，四方之政行焉。興滅國，繼絕世，舉逸民，天下之民歸心焉。所重：民、食、喪、祭。寬則得衆，信則民任焉，敏則有功，公則說。

子張問于孔子曰：『何如斯可以從政矣？』子曰：『尊五美，屏四惡，斯可以從政矣。』子張曰：『何謂五美？』子曰：『君子惠而不費，勞而不怨，欲而不貪，泰而不驕，威而不猛。』子張曰：『何謂惠而不費？』子曰：『因民之所利而利之，斯不亦惠而不費乎？擇可勞而勞之，又誰怨？欲仁而得仁，又焉貪？君子無衆寡，無小大，無敢慢，斯不亦泰而不驕乎？君子正其衣冠，尊其瞻視，儼然人望而畏之，斯不亦威而不猛乎？』子張曰：『何謂四惡？』子曰：『不教而殺謂之虐，不戒視成謂之暴，慢令致期謂之賊，猶之與人也，出納之吝謂之有司。』

孔子曰：『不知命，無以爲君子也；不知禮，無以立也；不知言，無以知人也。』